령으로서의 문재인을 다룬다. 그래서 고찰 대상도 문 대통령의 공식적인 연설문만을 주된 대상으로 삼았다. 임기 5년 간 문 대통령의 연설문은 총 15권의 방대한 분량으로 인터넷에 이미 공개되어 있다.

공인 중의 공인인 대통령의 제1책임은 무엇인가? 헌법 제66조 제2항은 "대통령은 국가의 독립·영토의 보전·국가의 계속성과 헌법을 수호할 책무를 진다"고 규정할 뿐만 아니라, 헌법 제69조에 따라 대통령은 취임 시 "헌법을 준수하고 국가를 보위하며 조국의 평화적 통일과 국민의 자유와 복리의 증진 및 민족문화의 창달에 노력하여 대통령으로서의 직책을 성실히 수행할 것을 국민 앞에 엄숙히 선서"한다.

위 선서와 함께 시작된 지난 5년 동안 문 대통령은 헌법에 따른 대통령의 책임과 완전히 역방향으로 치달았다. 문 대통령은 급격한 탈원전 정책으로 국가독립과 계속성의 근본인 에너지 독립의 기반을 무너뜨리고 심대한 국부의 원천을 파괴하였다. 그는 한미동맹의 약화와 한미일 협력 파괴, 남북러 3각협력 추진 및 중국에 대한 굴종적 자세로 국가독립, 영토보전, 국가

계속성과 헌법수호 책무 모두를 저버렸다. 여적죄에 해당하는 9·19군사합의로 영토보전과 헌법수호 의무를 정면으로 위반했으며 3권분립 파괴와 국민의 기본권 경시, 적법절차 원리 무시로 헌법질서를 뿌리째 뒤흔들었다.

무엇보다 헌법을 수호하고 헌법을 준수하는 것은 대통령의 첫째가는 책무이다. 문 대통령은 그 책임을 중대하게 위반하였고, 이는 나라를 송두리째 뒤흔드는 일이었다. 그러나 지지층에 둘러싸인 문 대통령은 지금도 자신의 잘못을 인식하지 못할 것이다. 이것은 문 대통령 개인만의 문제라기보다 거대한 〈헌법적 균열〉을 외면해 온 우리 사회 전체의 문제이기도 하다.

헌법과 그에 녹아들어 있는 국가이념은 그 국가가 나아가야 할 방향성을 가리키고 있기 마련이다. 근대국가는 그 방향성을 떠나 존립할 수 없다. 그것은 나라를 세우는 근원적인 약속으로 후대 국민에까지 구속력을 미친다. 그 약속 중 덜 근본적인 것들은 시간이 흐름에 따라 일정한 절차를 거쳐 개정될 수 있지만 '민주공화국', '국민주권', '불가침의 기본적 인권', '자유민주적 기본질서', '영토조항', '권력분립 원리'와 같은 것들은 건국이념의 요체로 이들이 바뀌거나 폐지된다면, 그 국가는 완전히 다른 국가가 되는 것과 같다.

그런데, 우리 사회에는 1948년 건국 이래 이러한 대한민국 헌법 체제와 가치에 동의하지 않는 흐름이 꾸준히 존재했으며, 1987년 높은 단계의 법치와 민주주의 시기로 이행한 후 오히려 더욱 강화되어 제도권의 상당 부분을 차지하기에 이르렀다. 문 대통령 시기는 이 흐름이 총궐기하여 기존의 헌법 체제와 가치를 파괴 변성變性시키려 한 시기로 요약된다. 가장 상징적인 사건은 2017년말 헌법에서 '자유'를 삭제하는 개헌을 시도한 일이었다.

어디로 가는 것이 앞으로 가는 것인지 합의가 되어 있지 않은 상태에서 좌우의 구분은 무의미하다. 우리가 볼 때 뒤로 가는 방향으로 열심히 수레를 끌면서 본인은 그것이 앞으로 가는 것이라 믿고 우긴다면 좌우를 말해 무엇하겠는가? 이런 일이 벌어지지 않도록 하라고 정해진 것이 헌법적 정초이고 좌표이다. 그런데, 이 근본적인 방향성을 달리 보는 이가 헌법질서 수호의 최고 책임자인 대통령이 되었다. 그것이 지난 5년간 왜 우리 사회가 그토록 심각한 분열로 몸살을 앓았는지에 대한 중요한 이유이다.

이 책은 과거를 돌아보아 미래를 대비하려는 의도에서 쓰여진 한 시민의 소박한 『징비록』이다. 『징비록』은 임진왜란 후 전시 사령관(영의정 및 도체찰사)의 역할을 한 서애 류성룡에 의한 저술로 "지난 잘못을 징계하여 후환을 경계予其懲而毖後患"하는 의미에서 외교와 전투, 백성의 생활상을 기록한 책이다. 나라를 멸망시킬 뻔한 대 외침外侵을 겪은 그의 마음과 같이 다시는 문 정권 시기와 같은 내침內侵을 당하지 않도록, 다시는 반헌법적 내부세력의 궐기에 의해 국가붕괴의 벼랑 끝으로 속절없이 내몰리지 않도록 '상대를 알고 나를 알자'는 의도에서 이 책은 기획되었다.

이 작업을 제안해 주신 심만수 대표님께 깊은 감사를 드린다. 심 대표님의 제안이 아니었다면 이 작업은 시작도 되지 못했을 것이다. 공식적인 연설문 분석을 통한 문정권의 객관화—그들도 부인할 수 없는 스스로의 말들을 통해 우리가 지나온 악몽 같았던 세월을 정리하자는 제안은 오랜 출판경험과 애국심이 합해져야만 나올 수 있는 탁월한 것이었다. 이 책을 통해, 진정한 헌법적 국민통합의 새 시대가 열리기를 온몸으로 희구한다. 현실의 변화는 생각의 변화에서 비롯된다. 이 책이 새 시대를 열어가는 생각의 변화를 이끌 정신적 작업의 머릿돌이 되기를 바란다.

돌이켜 보면 2016년 10월말 탄핵 변란 무렵 개설된 NPK아카데미 1기 〈세기의 지성〉 강연이 대한민국의 새로운 푯대를 보여주었다. 차기환 자유와통일을향한 변호사연대(자변) 대표변호사님, 김기수 공동대표 변호사님, 인지연 미국변호사님과 부족하기 그지없는 필자를 믿고 쾌히 초대에 응해 주신 류근일 주필님, 복거일 작가님, 최대권 교수님, 은사 김홍우 교수님과 이문열 선생님께 특별한 존경과 감사를 드린다. 이 작은 책을 떠받치는 생각들은 다섯 분 지적 거장들의 선구적인 통찰과 탁견 없이는 한 발짝도 제대로 전개되지 못했을 것이다.

지난 5년간의 저항과 투쟁에 함께 해 주신 법치와자유민주주의연대(New Paradigm of Korea, NPK), 태극기혁명국민운동본부, 4·15부정선거국민투쟁본부, 선진화아카데미를 비롯한 수많은 자유민주 애국 단체와 자유애국 시민분들, 부족한 필자를 위해 불원천리하고 지원의 발걸음을 마다 않으셨던 은사 이문열 작가님, 황교안 전 대통령권한대행님, 김문수 경제사회노동위원장님, 이재오 전 장관님, 김영환 충북도지사님, 민경욱 전 국회의원님, 배영식 전 국회의원님, 석동현 민주평통 사무처장님, 정규재 주필님, 홍수환 관장님, 맹주성 이사장님, 고성국 대표님, 이봉규 대표님, 손상대 대표님, 김미영 대표님, 손소연 대표님, 이상규 교수님, 이상섭 교수님, 김세룡 교수님, 강규형 교수님 등 이루 다 거명하지 못한 모든 분들께도 다시 한번 머리숙여 감사드린다. 그 모든 과정을 인고하며 나라와 가정을 사랑해 온 아내 강수정과 네 딸들에게도 무한한 감사와 사랑의 마음을 전하고 싶다.

무엇보다 수많은 분들의 희생, 눈물과 피땀을 기억한다. 문 정권 시기는 한편으로 참혹한 박해와 탄압의 시기였다. 온갖 왜곡된 과정 속에서 스스로 목숨을 버린 이들만도 거의 20명이었다. 이명박, 박근혜 두 전 대통령은 전례 없이 오랜 기간 수감되었다. 생업을 버리고 아스팔트에 나와 울부짖은 이들의 수는 또 얼마인가. 속으로 시커멓게 가슴을 태우며 나라가 넘어갈까 밤잠을 뒤척이던 이들의 수는 또 얼마였던가.

분열과 노고는 더 고차적인 통합으로 결실을 맺을 때 진정한 빛을 발할 수 있다. 이는 살아남은 자들의 몫일 것이다. 대한민국 헌법 전문에서 건국 이래 74년간 선포하고 있는 것처럼 "정치·경제·사회·문화의 모든 영역에 있어서 각인의 기회를 균등히 하고, 능력을 최고도로 발휘하게 하며", "우리들과 우리들의 자손의 안전과 자유와 행복을 영원히 확보할 것을 다짐하면서" 글을 마치고자 한다. 광복절 노래 가사 2절과 같이 "세계의 보람될 거룩한 빛"이 이곳 대한민국에서 잉태되고 자라나 "세계 평화와 인류공영"의 시대를 열어가기를 마음 깊은 곳으로부터 열렬히 염원한다.

2023년 1월

도태우

차례

제3부 **"다시 출마할까요?"**

제1부

거대한 균열

거대한 착각

문재인 전 대통령(이하 '문 대통령'으로 약칭한다)은 2017년 5월 10일 0시에 취임했다. 그로부터 얼마 지나지 않아 이루어진 연설에서 문 대통령은 단언한다.

> 나는 이 자리에서 분명히 말합니다. 우리는 북한의 붕괴를 바라지 않으며, 어떤 형태의 흡수통일도 추진하지 않을 것입니다. 우리는 인위적인 통일을 추구하지도 않을 것입니다. 통일은 쌍방이 공존공영共存共榮하면서 민족공동체를 회복해 나가는 과정입니다. 통일은 평화가 정착되면 언젠가 남북 간의 합의에 의해 자연스럽게 이루어질 일입니다. 나와 우리 정부가 실현하고자 하는 것은 오직 평화입니다.
>
> [독일 방문] 쾨르버재단 초청 연설 (2017. 7. 6)

화적 통일 정책을 수립하고 이를 추진"하며 "통일을 지향"해야 한다는 대한민국 최상위규범과 양립할 수 없는 입장이다.

문 대통령의 '거대한 착각'은 이런 선언이 헌법에 합치되는 내용이라고 생각하는 것이다. 문 대통령에 가장 유사한 주장은 헌법 제3조 영토조항이 규범적으로는 사문화死文化되었다고 주장하는 소수 학설이다. 그러나, 이 학설마저도 헌법 제4조 자유민주적 기본질서에 입각한 평화통일 조항의 규범력을 부정하지는 못한다. "어떤 형태의 흡수통일이나 인위적 통일도 추구하지 않을 것"이라는 문 대통령의 말은 헌법 제4조에 명백히 위반된다.

나아가 헌법 제3조는 탈북민들이 대규모로 귀순함에 따라 어느 헌법규범보다 살아있는 헌법규범임이 실증된 바 있다. 북한주민은 대한민국의 실효적 지배 영역으로 귀순의사를 밝히며 들어오는 순간 별도의 국적취득 절차 없이 생래적인 대한민국 국민으로 인정받게 된다. 3만 탈북자들에게 대한민국 헌법 제3조는 생사의 갈림길에서 생명선과 같은 조항이었다.

문 정권 시기를 거치며 드러난 더 뿌리 깊은 문제는 이 '거대한 착각'이 우리 사회에서 심각한 논쟁거리로 부각되지조차 못하고 있다는 점이다.

왜 그럴까? 첫째로 드는 추측은 헌법이 지니는 최상위 규범성, 국가 구성 자체라고도 할 헌법의 본질적 중요성을 제대로 의식하거나 존중하지 않는 태도가 만연해 있기 때문이다. 둘째는, 헌법 제3조와 제4조를 의도적으로 회피하고, 장기적으로는 이를 폐지하려는 세력이 엄존하고 있기 때문이다.

문제의 심각성은 국가기구의 정점에 서 있는 대통령이 이런 '거대한 착각'을 거침없이 공언했다는 점에서 뚜렷이 보여진다. 앞으로 더 자세히 살펴보겠지만 이 거대한 착각의 문제는 단편적인 것도, 우발적인 것도 아니다. 오히려 그 착각은 우리 사회의 근본적인 균열, 심대한 헌법적 위기를 반영하고 있다.

> 대한민국 헌법 제66조
>
> ①대통령은 국가의 원수이며, 외국에 대하여 국가를 대표한다.

②대통령은 국가의 독립·영토의 보전·국가의 계속성과 헌법을 수호할 책무를 진다.

③대통령은 조국의 평화적 통일을 위한 성실한 의무를 진다.

대한민국 헌법 제69조

대통령은 취임에 즈음하여 다음의 선서를 한다. "나는 헌법을 준수하고 국가를 보위하며 조국의 평화적 통일과 국민의 자유와 복리의 증진 및 민족문화의 창달에 노력하여 대통령으로서의 직책을 성실히 수행할 것을 국민 앞에 엄숙히 선서합니다."

대한민국 헌법상 대통령은 "영토의 보전"과 "헌법을 수호할 책무"를 지며 "취임에 즈음하여" "헌법을 준수"할 것을 "국민 앞에 엄숙히 선서"한다. 또한 대한민국 헌법상 대통령은 "조국의 평화적 통일을 위한 성실한 의무를 진다." 물론 이 "평화적 통일"은 "자유민주적 기본질서에 입각한 평화적 통일"(헌법 제4조) 일 수밖에 없다.

문 대통령의 연설은 이 모든 헌법과 어긋나는 행동이다. 왕이나 대통령도 법 위에 존재하지 않는다는 것이 법치(법의 지배, rule of law)의 기본적인 이념이다. "국가의 원수이며, 외국에 대하여 국가를 대표"하는 대통령이 최상위규범인 헌법과 배치되는 언행을 아무렇지도 않게 한다면, 법치의 근본이 무너진 나라가 될 수밖에 없다. 불행히도 지난 5년간 이것이 우리나라의 모습이었다.

‘자유’ 삭제, 가치동맹 파괴

문재인 정부와 민주당은 2017년과 2018년에 걸쳐 거세게 개헌을 추진했다. 그 개헌 초안에서 ‘자유’를 삭제하려 했던 일이 이제는 널리 알려져 있다. 그들은 우선 2018년 1월 8일 국회헌법개정특별위원회 자문위원회 보고서를 통해 헌법 전문前文에서 “자유민주적 기본질서”를 삭제하고, 제4조에 나오는 “자유민주적 기본질서”에서 “자유”를 삭제하여 “민주적 기본질서”로 대체하려 했다. 이후 2018년 2월 1일 민주당의 개헌안 당론 확정 의원총회에서도 제4조 “자유민주적 기본질서”에서 “자유”를 삭제하기로 발표했다가 4시간 후에 대변인을 통해 실수라며 이를 번복했다.

문 대통령은 취임 후 처음으로 행한 2017년 광복절 기념사에서도 “평화적·민주적” 방식으로 “통일”이 이루어져야 한다며 드러내어 ‘자유’를 회피했다. 헌법 제4조는 “자유민주적 기본질서에 입각한 평화적 통일 정책”이라 명시하고 있음에도 굳이 “평화”와 “민주”만 쓴 것이다. 이 또한 의도적인 진술이지 결코 우발적인 실수로 여겨지지 않는다.

> 우리는 북한 붕괴를 원하지 않습니다. 흡수통일을 추진하지도 않을 것이고 인위적 통일을 추구하지도 않을 것입니다. 통일은 민족공동체의 모든 구성원들이 합의하는 평화적·민주적 방식으로 이루어져야 합니다.
>
> 광복절 기념사 (2017. 8. 15)

자유의 삭제는 헌법 개정 차원의 일이 아니다. “민주정체에 요소는 개인의 근본적 자유를 보호하는 것”이라는 1948년 건국기념사의 말에서 보듯 자유는 헌법의 가장 근본적인 가치로 이의 삭제는 헌법 폐지의 수준에 해당하는 일이다.

문 대통령은 이런 시도에 머물지 않고, 가치동맹(한·미동맹, 한·미·일 협력) 질서 자체의 약화와 파괴를 5년 내내 집요하게 추진한 바 있다.

남·북·러 삼각 협력의 기초를 확실히 다져 나가기로 하였습니다.

[러시아 방문] 한·러 정상 공동 언론 발표 (2017. 9. 6)

문 대통령은 러시아의 천연가스를 북한을 통과하는 가스관을 통해 수입하고자 했다. 탈원전의 대체물 중 하나로 이를 내세웠다. 원전산업이 가진 천문학적 경제성은 둘째치더라도 에너지 정책이 국가안보에서 차지하는 막중한 위상을 고려할 때, 나라를 볼모로 내어주는 수준의 시도라 하지 않을 수 없다. 러시아가 자신의 뜻을 관철하기 위해 천연가스 에너지 공급 여부를 무기화하는 것은 잘 알려져 있다. 더구나 그 가스관이 북한을 거쳐 오게 한다는 것이다. 가치동맹에 반하는 적국의 손에 이중으로 국가의 생명선을 넘겨주는 일이다.

블라디미르 푸틴(Vladimir Putin) 대통령님의 신동방정책은 평화와 공동번영의 꿈을 담은 유라시아 시대의 선언입니다. 서구문명과 동양문명이 이룬 장점을 유라시아라는 거대한 용광로에 담아 인류에게 새로운 비전을 제시하려는 웅대한 설계입니다. 한국 국민 또한 한반도의 항구적 평화를 넘어 동북아 전체의 평화와 공동번영을 바라고 있습니다.

(중략) 러시아와 남과 북 3각 경제협력은 철도와 가스관, 전력망 분야에서 이미 공동연구 등의 기초적 논의가 진행되어 왔습니다. 3국간의 철도, 에너지, 전력 협력이 이뤄지면 동북아 경제공동체의 튼튼한 토대가 될 수 있을 것입니다. 남북 간의 공고한 평화체제는 동북아 다자 평화·안보 협력체제로 발전할 수 있을 것입니다.

[러시아 방문] 러시아 하원 연설 (2018. 6. 21)

중국의 일대일로 구상과 한국의 신북방·신남방정책 간의 구체적인 협력 방안을 적극 발굴해 나가기로 뜻을 모았습니다.

[중국 방문] 한중 산업협력 충칭 포럼 (2017. 12. 16)

대한민국 헌법 전문

유구한 역사와 전통에 빛나는 우리 대한국민은 3·1운동으로 건립된 대한민국임시정부의 법통과 불의에 항거한 4·19민주이념을 계승하고, 조국의 민주개혁과 평화적 통일의 사명에 입각하여 정의·인도와 동포애로써 민족의 단결을 공고히 하고, 모든 사회적 폐습과 불의를 타파하며, 자율과 조화를 바탕으로 자유민주적 기본질서를 더욱 확고히 하여 정치·경제·사회·문화의 모든 영역에 있어서 각인의 기회를 균등히 하고, 능력을 최고도로 발휘하게 하며, 자유와 권리에 따르는 책임과 의무를 완수하게 하여, 안으로는 국민생활의 균등한 향상을 기하고 밖으로는 항구적인 세계평화와 인류공영에 이바지함으로써 우리들과 우리들의 자손의 안전과 자유와 행복을 영원히 확보할 것을 다짐하면서 1948년 7월 12일에 제정되고 8차에 걸쳐 개정된 헌법을 이제 국회의 의결을 거쳐 국민투표에 의하여 개정한다.

대한민국 헌법 제4조

대한민국은 통일을 지향하며, 자유민주적 기본질서에 입각한 평화적 통일 정책을 수립하고 이를 추진한다.

헌법 전문과 제4조에 나오는 '자유민주적 기본질서'의 '자유'는 결코 장식으로 들어간 말이 아니다. 북한도 '조선민주주의 인민공화국'이라 자칭하고 있다. 굳이 자유를 삭제하고 민주주의, 민주적이라는 말만 남길 때는, 자유민주주의와 양립할 수 없는 인민민주주의를 헌법상 배제할 수 없게 된다. 나아가 '자유민주적 기본질서'라는 근본 가치를 공유하는 동맹 및 협력 국가(미국, 일본 등)와 이 근본 가치를 공유하지 못하는 국가들(중국, 러시아 등) 사이의 기본적인 구별을 간과하게 된다.

안보의 가장 큰 축 또한 가치동맹 질서에 바탕한다. 그러나 문 대통령은 '냉전 질서'라는 프레임으로 집요하게 가치동맹 질서를 뒤흔들어 왔다. 문 대통령이 시도한 '남·북·러 삼각협력', '일대일로 협력'은 '한·미동맹, 한·미·일 협력'이라는 자유 가치동맹 질서를 파괴하거나 심각하게 교란하는 것이다. 이는 자유를 삭제하려던 시도와 같이 '헌법 파괴·교란'의 문제이다.

문 대통령의 두 번째 거대한 착각은 자유 삭제, 가치동맹 파괴와 같은 시도가 우리 헌법질서에서 허용될 수 있는 내용이라고 생각했던 것이다. 나아가 우리 사회의 더 기초적인 문제는 문 대통령의 이 두 번째 거대한 착각 또한 헌법적 문제로 제대로 부각시키지 못했다는 점이다.

> 촛불의 염원은 여전히 우리의 희망이자 동력으로 피어날 것입니다.
>
> 文대통령 "무거운 짐 내려놓는다" (매일경제 2022. 5. 9)

문 대통령은 지난 5년간 혁명권력을 자처하며 적폐청산 등을 내걸고 초법적 권력을 휘둘러왔다. 그러다가 정권교체 후 퇴임 시점에 이르자 “혁명”은 “집회”가 되고 집권 중 한번도 말한 적 없는 “적법절차”를 언급한 것이다. 본인들은 “혁명”이 아니라 “집회”를 했을 뿐이니 본인들을 다룰 때는 “적법절차”를 따라 달라고 비굴한 호소를 한 것이거나 선제적으로 반협박을 한 것이 아닌지 의심이 드는 지점이다.

문재인의 진짜 얼굴

이상으로 문 대통령의 거대한 착각 세 가지를 거론했다. 첫째는 '자유민주적 기본질서에 입각한 평화적 통일 추구'와 배치되는 내용을 대통령으로서 선언하면서 헌법과 모순되지 않는다고 생각하는 것이다. 둘째는 '자유민주적 기본질서'라는 근본적 가치와 가치 동맹 질서를 파괴·교란하면서 역시 헌법과 모순되지 않는다고 생각하는 것이다. 셋째로 박근혜 전 대통령에 대한 탄핵 과정이 혁명이면서 동시에 높은 단계의 법치인 적법절차가 실현된 것으로 생각하는 점이다.

이상의 세 가지는 모두 헌법적 균열의 모습을 띠고 있다. 문 대통령은 위 세 가지의 근본적인 지점에서 대한민국 헌법을 무시하거나, 헌법과 완전히 다른 내용이 헌법과 합치된다고 고집해 온 것으로 보인다. 중요한 것은 이런 헌법적 균열이 문 대통령이 퇴임한 지금도 큰 규모로 상존하고 있다는 점이다. 이러한 현실에 대한 고민이 필자가 이 책을 쓰게 된 주요한 동기이다.

문 대통령은 곳곳에서 이러한 헌법적 균열의 실상을 다양하게 드러내 주었다. 대표적으로 2017년 광복절 기념사에서 문 대통령은 1948년 건국헌법에 따른 건국을 부정하고 1919년 임시정부 수립을 대한민국 건국으로 마음대로 주장했다.

> 존경하는 국민 여러분, 독립유공자와 유가족 여러분, 해외 동포 여러분! 2년 후 2019년은 대한민국 건국과 임시정부 수립 100주년을 맞는 해입니다. 내년 8·15는 정부 수립 70주년이기도 합니다. 우리에게 진정한 광복은 외세에 의해 분단된 민족이 하나가 되는 길로 나아가는 것입니다. 우리에게 진정한 보훈은 선열들이 건국이념으로 삼은 국민주권을 실현하여 국민이 주인인 나라다운 나라를 만드는 것입니다. 지금부터 준비합시다. 그 과정에서 치유와 화해, 통합을 향해 지난 한 세기의 역사를 결산하는 일도 가능할 것입니다. 국민주권의 거대한 흐름 앞에서 보수·진보의 구분이 무의미했듯이, 우리 근현대사에

서 산업화와 민주화를 세력으로 나누는 것도 이제 뛰어넘어야 합니다. 우리는 누구나 역사의 유산 속에서 살고 있습니다. 모든 역사에는 빛과 그림자가 있기 마련이며, 그 점에서 개인의 삶 속으로 들어온 시대를 산업화와 민주화로 나누는 것은 가능하지도 않고 의미 없는 일입니다. 대한민국 19대 대통령 문재인 역시 김대중, 노무현만이 아니라 이승만, 박정희로 이어지는 대한민국 모든 대통령의 역사 속에 있습니다. 저는 우리 사회의 치유와 화해, 통합을 바라는 마음으로 지난 현충일 추념사에서 애국의 가치를 말씀드린 바 있습니다. 이제 지난 100년의 역사를 결산하고, 새로운 100년을 위해 공동체 가치를 다시 정립하는 일을 시작해야 합니다.

광복절 기념사 (2017. 8. 15)

문 대통령이 취임한 후 첫 번째로 맞이한 광복절 기념사의 일부이다. 2019년을 건국 100주년이라 주장하고 1948년 건국을 "정부 수립"으로 칭한 것 외에는 언뜻 들으면 사회의 통합을 바라는 좋은 말로 들린다. 그런데 이틀 뒤 문 대통령은 이렇게 말하고 있다.

> 친일과 독재 세력이 그토록 감추고 없애려 했던 평화와 정의, 민주주의를 향한 선생의 의지와 충정은 1987년 6월 민주항쟁의 함성으로, 2016년 촛불혁명의 불꽃으로 기어이 다시 살아났습니다.
>
> (중략) 해방 이후 지금까지 친일과 독재 세력이 왜곡하고 점유해 온 애국의 가치를 재정립해야 합니다.
>
> 장준하 선생 서거 42주기 추모사 (2017. 8. 17)

보수·진보, 산업화와 민주화를 다 뛰어넘고, 이승만, 박정희, 김대중, 노무현 대통령이 함께 이어지는 역사를 거론한 뒤 이틀이 지나 "친일과 독재 세력"에 대해 맹렬한 규탄을 퍼붓는 것은 어떤 상대, 어느 전직 대통령을 향한 것인가.

문 대통령은 한 발 더 나가 2018. 2. 9. 평창동계올림픽 개회식 사전 리셉션에서 "내가 존경하는 한국의 사상가 신영복 선생"이라는 잊지 못할 명언(?)을 남겼다. 신영복은 북한의 지령과 자금을 받은 것이 다 밝혀진 통혁당 사건에 관련되어 20년을 복역한 뒤 전향 아닌 전향을 했던 이다. 그에 대해 자연인으로서 개인적 존경을 표하는 것과, 대통령직을 수행하는 공식 석상에서 같은 내용을 공개 발언하는 것은 차원이 다른 문제이다. 문 대통령이 이런 차이를 몰랐을 리 없다. 알고서도 의도적으로 발언한 것이다. 문 대통령은 북한의 김여정, 김영남과 함께 청와대에서 신영복의 서화를 배경으로 기념사진 촬영을 했다. 또한 방첩기관인 국정원의 원훈석을 신영복의 글씨체로 새겨 두고두고 원성을 사기도 했다.

문 대통령은 계속 더 전진했다. 2018. 4. 3. 제70주년 4·3 희생자 추념식에서 행한 문 대통령의 연설은 문 대통령이 지닌 헌법적 균열 문제의 심각성을 더욱 여실히 드러내 주었다.

> 돌담 하나, 떨어진 동백꽃 한 송이, 통곡의 세월을 간직한 제주에서 이 땅에 봄은 있느냐, 여러분은 70년 동안 물었습니다. 저는 오늘 여러분께 제주의 봄을 알리고 싶습니다. 비극은 길었고 바람만 불어도 눈물이 날 만큼 아픔은 깊었지만 유채꽃처럼 만발하게 제주의 봄은 피어날 것입니다. 여러분이 4·3을 잊지 않았고 여러분과 함께 아파한 분들이 있어 오늘 우리는 침묵의 세월을 딛고 이렇게 모일 수 있었습니다.

(중략) 70년 전 이곳 제주에서 무고한 양민들이 이념의 이름으로 희생당했습니다.

(중략) 죄 없는 양민들이 영문도 모른 채 학살을 당했습니다.

(중략) 국가권력이 가한 폭력의 진상을 제대로 밝혀 희생된 분들의 억울함을 풀고 명예를 회복하도록 하겠습니다.

(중략) 좌와 우의 극렬한 대립이 참혹한 역사의 비극을 낳았지만 4·3 희생자들과 제주도민들은 이념이 만든 불신과 증오를 뛰어넘었습니다.

(중략) 이념은 단지 학살을 정당화하는 명분에 불과했습니다. 4·3의 진상규명은 지역을 넘어 불행한 과거를 반성하고 인류의 보편가치를 되찾는 일입니다.

제70주년 제주 4·3 희생자 추념식 (2018. 4. 3)

이 연설에 담긴 문 대통령의 역사 인식은 충격적이다. 문 대통령은 "좌와 우의 극렬한 대립이 참혹한 역사의 비극을 낳았다"고 하며, "무고한 양민들이 이념의 이름으로 희생당했다"면서 좌의 이념도 우의 이념도 모두 무고한 양민들의 희생에 책임이 있는 것처럼 말한다. 그러더니 갑자기, "이념은 단지 학살을 정당화하는 명분에 불과했다"며 "국가권력이 가한 폭력의 진상을 제대로 밝혀"야 한다고 소리를 높인다.

1948년 4월 3일 전후 제주도의 상황을 고려할 때, "국가권력이 가한 폭력"이라는 말은 미군정과 대한민국 정부를 지칭하는 것으로, 우右의 "이념" 쪽만 가리킨다고 볼 수밖에 없다. "좌와 우의 극렬한 대립이 참혹한 역사의 비극을 낳았"다고 하더니, 좌의 "이념" 쪽이 가한 폭력은 어디로 사라져 버렸는가. 이제 보니 "이념은 단지 학살을 정당화하는 명분에 불과했"다는 말은 "우의 이념"에만 해당되는 말이고 "좌의 이념"은 이런 적이 없었다는 말까지 되지 않는가.

급기야 3년 뒤 문 대통령은 2021. 4. 3. 제73주년 제주 4·3 희생자 추념식에서 역사에 길이 남을 연설을 한다.

> 완전한 독립을 꿈꾸며 분단을 반대했다는 이유로 당시 국가 권력은 제주도민에게 '빨갱이', '폭동', '반란'의 이름을 뒤집어씌워 무자비하게 탄압하고 죽음으로 몰고 갔습니다.
>
> 제73주년 제주 4·3 희생자 추념식 (2021. 4. 3)

남로당의 지시에 의해 유엔UN 감시 하 대한민국 정부 수립을 위한 총선거 실시에 반대하여 봉기한 것이 "완전한 독립을 꿈꾸며 분단을 반대"한 것으로 미화되고, 대한민국 대통령에 의해 정당성을 부여받고 있다. 가히 대한민국 대통령직의 정신적 자폭自爆이라 하지 않을 수 없다. 분명한 것은 다수의 국민들이 문 대통령의 이런 인식에 동의하지 않으며, 건국부터 시종 유지되어 온 근본 규범인 헌법 제3조와 문 대통령의 이런 인식이 조화될 수도 없다는 점이다.

> 대한민국 헌법 제3조
>
> 대한민국의 영토는 한반도와 그 부속도서로 한다.

제주도 출신인 원로 소설가 현길언은 『섬의 반란』을 통해 "진압 과정에서 발생한 반反인권적 사례 때문에 자유민주주의 국가 건설을 거부하려는 그 반란의 목적을 정당화할 수는 없다. 또한 이 사건이 반국가적 반란이라 하더라도 이를 진압하는 과정에서 야기된 반反인권적 폭력 또한 정당화될 수 없다. 이것이 4·3사건의 실상을 밝히고 그 아픔을 치유하는 대전제가 되어야 한다"는 입장을 밝힌 바 있다. 노무현 대통령 시기 〈제

주4·3사건진상조사보고서〉에서도 4·3사건의 촉발이 대한민국 수립에 반대한 남로당 제주도당의 무장봉기라는 것을 부인하지 않았다.

대한민국은 한반도에서 유일하게 합법적인 국가로 한반도 전체에 걸쳐 규범적인 통치권을 주장하고 있다. UN 감시 하 대한민국 정부 수립을 위한 총선거 실시에 반대한 봉기를 "완전한 독립을 꿈꾸며 분단을 반대했다"고 정당화하는 문 대통령의 인식은 대한민국의 헌법적 역사 인식과 양립될 수 없다. 대통령직을 수행하면서 헌법적 역사 인식을 공식적으로 부정하는 말을 하는 것은 대통령직의 본질을 배반하는 것이며 국민의 위임 범위를 넘어서는 반헌법적 행위이다.

> 대한민국 헌법 제66조
>
> ②대통령은 국가의 독립·영토의 보전·국가의 계속성과 헌법을 수호할 책무를 진다.

> 대한민국 헌법 제69조
>
> 대통령은 취임에 즈음하여 다음의 선서를 한다. "나는 헌

법을 준수하고 국가를 보위하며 조국의 평화적 통일과 국민의 자유와 복리의 증진 및 민족문화의 창달에 노력하여 대통령으로서의 직책을 성실히 수행할 것을 국민 앞에 엄숙히 선서합니다."

문 대통령의 이런 도발은 일회적이거나 우발적인 것이 아니고, 지속적이며 계획적인 것이다. 이러한 헌법적 균열은 부동산 정책에 대한 평가, 내로남불적인 행태에 대한 비판과는 다른 차원의 더 거대한 문제이다. 그러나, 대통령의 이 헌법적 균열은 충분히 강조되지 못하고 있다. 그러기에 언제고 다시 다른 대통령이 나타나 문 대통령과 같은 행위를 반복할 수 있다. 아니 한술 더 뜰 수도 있다. 충분히 공론의 조명을 받아 문 정부와 이를 뒷받침한 세력의 의식이 지닌 헌법적 균열에 대해 치열한 논쟁이 벌어져야 한다. 협치, 중도 지향, 국민통합 등 어떤 좋은 말로도, 덮는다고 덮여지는 문제가 아닌 것이다.

이산하의 시, 「한라산」

문 대통령은 2018년 4·3. 추념식 연설에서 이산하의 시 「한라산」을 "우리를 일깨워 준 분들"의 작품 중 하나로 언급하기에 이른다. 80년대 후반 대학가와 운동권에서 너무나 유명했던 시詩이기에 문 대통령이 그 내용을 모르고 언급했을 것이라고 생각하지 않는다. 그러나 다시 볼수록 대한민국 헌법 규범과는 너무도 배치되는 내용을 담은 이 시가 대한민국 대통령 연설에서 인용되었다는 사실의 충격은 역사에 오래도록 남을 것이다. 이하 장시長詩 「한라산」의 서두 부분을 인용해 둔다.

한라산

이산하

혓바닥을 깨물 통곡 없이는 갈 수 없는 땅

발가락을 자를 분노 없이는 오를 수 없는 산
제주도에서, 지리산에서, 그리고 한반도의 산하 구석구석에서
민족 해방을 위하여 장렬히 산화해 가신 전사들에게 이 글을
바친다

서 시

1.
지금으로부터 어언 120여 년 전
동아시아의 해군기지로서 조선이 결정된 지
80년의 모진 세월이 흐른 1945년 불볕 여름,
한손에 빵과 또 한 손엔 '해방군'의 탈을 쓰고
발톱까지 무장한 채 당당하게 상륙한 그들은 마침내
순결한 조선의 하늘과 푸른 산하를 두 토막으로 분질러 놓
았다
그리고 다시 40여년의 기나긴 세월이 흘렀건만
총독부가 대사관으로 바뀌었을 뿐
'창살 없는 감옥' 식민지 산하는 조금도 변한 것이 없었다
그리하여

제국주의 침략사 120여 년,
다시 쓰여져야 할 피어린 민족해방투쟁의 한국현대사
압제의 사슬을 이빨로 뚝, 뚝, 끊으며 붉은 피로 얼룩진
그 장엄한 역사의 수레바퀴를 우리 어찌 잊을 것인가!
바람부는 대로 쓰러지는 풀잎이 아니라면
결코 그들의 노예가 아니라면
우리 어찌 보고만 있을 것인가!!

2.
이 땅은 아메리카의 한 주州
그들의 병영에서 짐승처럼 사육되어 왔던 수많은 날들
그 수많은 신음의 밤들을
누가 잊을 것인가
누가 잊으라고 하는가
1948년 4월 3일
'제2의 모스크바'
밤마다 먼저 간 동지들의 피를 묻고 살을 묻고 뼈를 묻는
혹한의 한라산
그 눈 덮인 산하, 붉은 피를 흘리며 끝내 숨져간

이름없는 해방전사들의 끊어질 듯 끊어질 듯
끝내 이어지는 저 붉은 핏자국을
누가 잊는가
누가 잊을 것을 강요하는가
동상으로 썩어문드러진 발가락을 자르며
뼈를 깎는 모진 고문에 여성전사들의 생리마저 얼어붙는 밤
그들은 기어이 갔다
총알 박힌 다리를 절룩거리며 동지의 어깨에 매달려
진지로 돌아가다
진지로 돌아가다
끝내 쓰러져버린, 그들은 갔다
기어이 갈 곳으로 가고야 마는 것인가
분노 없이는 갈 수 없는 땅
통곡 없이는 오를 수 없는 산
제주도의 혁명전사들은 그렇게 갔다
미제尾帝의 각을 뜨다
적의 가슴팍에 불을 지르다
끝내 다 뜨지 못한 채
끝내 다 지르지 못한 채

한 줌 피 묻은 뼈가루로 날아갔다

적과 더불어 싸워서 죽은
우리의 죽음을 슬퍼 말아라
깃발을 덮어다오 인공의 깃발을
그 밑에 죽기를 맹서한 깃발
……

3.
30여년만에 걸어보는 이 학살의 숲은
조금도 변한 것이 없다
산등성이마다 뼈가루로 쌓여 있는 흰 눈이며
나무가지마다 암호를 주고 받는 새들의 울음소리며
멀리 사람 실은 배 한 척, 돌 실은 배 한 척, 떠나는 바다며
굶주린 배를 움켜쥔 채 허겁지겁 땅을 파헤쳐 씹고 또 씹었던
이 풀뿌리와 나무껍질이며
마지막 남은 잎파리마저 가솔린 냄새를 풍기며 불탔던
이 학살의 숲은
아직도 총소리로 가득하다

움직이는 것은 모두 우리의 적이었지만
동시에 그들의 적이기도 했다
그러나
우리는 보고 쏘았지만
그들은 보지 않고 쏘았다
학살은 그렇게 시작됐다
그날
하늘에서는 정찰기가 살인예고장을 살포하고
바다에서는 함대가 경적을 울리고
육지에서는 기마대가 총칼을 휘두르며
모든 처형장을 진두지휘하고 있었던 그날
빨갱이 마을이라 하여 80여 남녀 중학생들을
금악벌판으로 몰고가 집단몰살하고 수장한 데 이어
정방폭포에서는 발가벗긴 빨치산의 젊은 아내와 딸들을
나무기둥에 묶어두고 표창연습으로 삼다가
마침내 젖가슴을 도려내 폭포속으로 던져버린 그날
한 무리의 정치깡패단이 열 일곱도 안된
한 여고생을 윤간한 뒤 생매장해버린 그 가을 숲
서귀포 임시감옥 속에서는 게릴라들의 손톱과 발톱 밑에 못

을 박고
몽키 스패너로 혓바닥까지 뽑아버리던 그날, 바로 그날
관덕정 인민광장 앞에는 사지가 갈갈이 찢어져
목이 짤린 얼굴은 얼굴대로
팔은 팔대로
다리는 다리대로
몸통은 몸통대로
전봇대에 전시되어 있었다
'이것이 바로 빨갱이다!'
'빨갱이의 종말은 이렇다!'
광장을 가득 메운 도민들에게 허수아비의 졸개들이
이미 죽은 시체들을 대검으로 쿡쿡 쑤시며 소리쳤다
처참하게 찢어져 형체도 알아볼 수 없었지만 도민들은
저건 이덕구, 저건 김운민, 저건 김병남, 남진, 박남혜 . . .
속으로 속으로만 어림잡았다
통곡도 오열도 없었다
도대체 사람이어야 통곡이라도 하지
그것은 사람이 아니었다
결코 죽은 사람도 아니었다

그것은 푸줏간에 걸린 짐승일 뿐이었다
한 개의 총알이 심장을 뚫고간 것은
차라리 행복한 죽음이었다
해안에서 불어오는 모래 바람이 한라산을 미친듯이 뒤흔들
고 있었다

미군은 즉각 철수하라!
이승만 매국도당을 타도하자!
조국통일 만세!
제주 빨치산 만세!

붉은 저녁노을이 멀리 관덕정 인민광장 위로 지고 있었다
산은 다시 한번 알몸이 되고
그 빈 숲에
그들은 다시는 돌아오지 않았다
살아 흘러가고 죽어 흘러가고
마침내 살아 있는 모든 것이 흘러갔다
몸 가릴 곳 하나 없는 이 참혹한 겨울 숲
마지막 몇 사람이 기적처럼 살아 걷는 이 학살의 숲

누가 그날을 기억하지 않는가

4.

돌려주자
오늘도 노란 유채꽃이 칼날을 물고 잠들어 있는
아! 피의 섬 제주도
그 4·3이여
우리의 심장에서 흐드러지게 피어나는 이 진달래꽃을
그 누가 꺾을 수 있으랴
돌려주자
기름진 지주와 자본가의 살을 죽창에 꽂아
그들에게 돌려주자
공장의 프레스에 싹둑싹둑 잘려나간 노동자들의 손가락을
포크레인에 찍힌 철거민의 팔과 다리를
얼어붙은 배추포기 같은 삶을 살다 농약 속으로 사라져간
농민들의 그 골수에 사무친 원한을
그리고
푸르른 5월의 금남로를 승냥이처럼 할퀴고 간
저 피 묻은 손을

찢어,

갈갈이, 찢어서,

'조국 아메리카'의 후예들에게 돌려주자

그리하여

똑똑히 들어라

우체통이 빨간 것은 빨갱이 사상에 물든 탓이 아님을

바로 너희들 때문임을

한반도 인민들의 피가 붉은 것도 바로 너희들 때문임을

그리고 침묵하라, 피로 맺어진 '혈맹 우방'이여

그대들이 두 눈 뜨고 살아있는 한

우리는 잠들 수가 없다

너희들의 칼날위에서 우리는

잠들 수가 없다

그 누구도 잠들 수 없는 이 해방의 산하에

싹둑 잘려나간 손가락이 아직도 팔팔 살아뛰는 붉은 피가

있어

농약 먹은 가슴으로 타오르는 싯붉은 피가 있어

탄환의 불꽃으로

탄환의 불꽃으로

저 헐벗고 굶주린 노동자 농민들의 여윈 손들이 숲을 이룰 때
까지
마침내 해방의 숲을 이룰 때까지
적들의 심장에 불벼락을 안겨주자!!
적들의 시체를 넘고 넘어 동지의 시체를 되돌려 받자,
받자!!!

1986년 3월 刊 「녹두서평」 1에 실린 시

시인(이하 이산하 시인을 지칭한다)은 먼저 "제주도에서, 지리산에서, 그리고 한반도의 산하 구석구석에서 민족 해방을 위하여 장렬히 산화해 가신 전사들에게 이 글을 바친다"며 시를 시작한다.

시인은 곧 이어 오늘(1986년 3월 첫 발표)의 현실에 대해 "총독부가 대사관으로 바뀌었을 뿐 '창살 없는 감옥' 식민지 산하는 조금도 변한 것이 없었다"고 단언한다. 시인은 이어 "이 땅은 아메리카의 한 주州 그들의 병영에서 짐승처럼 사육되어 왔던 수많은 날들 그 수많은 신음의 밤들을 누가 잊을 것인가 누가 잊으라고 하는가"라고 울부짖는다.

그리고 시인은 환청을 듣는 듯이 "적과 더불어 싸워서 죽은 우리의 죽음을 슬퍼 말아라 깃발을 덮어다오 인공의 깃발을 그 밑에 죽기를 맹서한 깃발……"이라며 대신해서 말을 전한다. "미군은 즉각 철수하라! 이승만 매국도당을 타도하자! 조국통일 만세! 제주 빨치산 만세!"라는 당시의 구호 또한 시인의 귀에 생생히 들려온다.

시인이 파악한 바 "학살"의 현장을 묘사한 후 시인은 혁명가의 목소리로 고조된다. "돌려주자 기름진 지주와 자본가의 살을 죽창에 꽂아 그들에게 돌려주자 공장의 프레스에 싹둑싹둑 잘려나간 노동자들의 손가락을 포크레인에 찍힌 철거민의 팔과 다리를 얼어붙은 배추포기 같은 삶을 살다 농약 속으로 사라져간 농민들의 그 골수에 사무친 원한을 그리고 푸르른 5월의 금남로를 승냥이처럼 할퀴고 간 저 피 묻은 손을 찢어, 갈갈이 찢어서 '조국 아메리카'의 후예들에게 돌려주자"고 소리를 높인다.

마지막으로 시인은 "그리고 침묵하라, 피로 맺어진 '혈맹 우방'이여 그대들이 두 눈 뜨고 살아있는 한 우리는 잠들 수가 없다 너희들의 칼날 위에서 우리는 잠들 수가 없다 그 누구도 잠들 수 없는 이 해방의 산하에 싹둑 잘려나간 손가락이 아직도 팔팔 살아뛰는 붉은 피가 있어 농약 먹은 가슴으로 타오르는 싯붉은 피가 있어 탄환의 불꽃으로 탄환의 불꽃으로 저 헐벗고 굶주린 노동자 농민들의 여윈 손들이 숲을 이룰 때까지 마침내 해방의 숲을 이룰 때까지 적들의 심장에 불벼락을 안겨주자!! 적들의 시체를 넘고 넘어 동지의 시체를 되돌려 받자, 받자!!!" 는 처절한 절규로 서시를 맺는다.

이 시에 대한 문학적 평가와는 별도로 대한민국 대통령의 공식 연설에서 이 시가 "우리를 일깨워 준 분들"의 작품 중 하나로 인용되는 것이 문제다. 이 시의 내용은 대한민국 건국을 저주하고, 대한민국과 미국의 혈맹을 파괴·규탄하며, 소위 '민족 해방(National Liberation, NL)'을 지향하는 것이다. 시인은 자신을 제주 4·3 당시의 남로당, 인공, 빨치산 노선의 정신적 공명자共鳴者로 위치시키고 있다.

문 대통령이 2021. 4. 3. 제73주년 제주 4·3 희생자 추념식 중 "완전한 독립을 꿈꾸며 분단을 반대했다는 이유로 당시 국가 권력은 제주도민에게 '빨갱이', '폭동', '반란'의 이름을 뒤집어씌워 무자비하게 탄압하고 죽음으로 몰고 갔습니다."라고 연설한 부분은 문 대통령이 이산하의 「한라산」이 지닌 이념적 내용에 공명하는 것이 아닌가 하는 합리적 의심을 불러일으킨다. 자연인 문재인이 「한라산」 시에 대해 이념적으로 공명하고 그 공명을 표출하는 것은 문제가 되지 않는다. 그러나, 대통령으로서 문재인의 행위는 완전히 다른 문제이다. 대한민국 대통령직은 지속해서 이념적으로 내파內破되고 있었다. 대한민국 국가 또한 마찬가지였다.

> 사상범과 빨갱이는 진짜 공산주의자에게만 적용되지 않았습니다. 민족주의자에서 아나키스트까지 모든 독립운동가를 낙인찍는 말이었습니다. 좌우의 적대, 이념의 낙인은 일제가 민족 사이를 갈라놓기 위해 사용한 수단이었습니다.
>
> (중략) 해방 후에도 친일 청산을 가로막는 도구가 됐습니다. 양민학살과 간첩조작, 학생들의 민주화운동에도 국민을 적으로 모는 낙인으로 사용됐습니다. 해방된 조국에서 일제 경찰 출신이 독립운동가를 빨갱이로 몰아 고

문하기도 했습니다. 많은 사람이 빨갱이로 규정되어 희생됐고, 가족과 유족들은 사회적 낙인 속에서 불행한 삶을 살아야 했습니다. 지금도 우리 사회에서 정치적 경쟁세력을 비방하고 공격하는 도구로 빨갱이란 말이 사용되고, 변형된 색깔론이 기승을 부리고 있습니다. 우리가 하루빨리 청산해야 할 대표적인 친일잔재입니다.

제100주년 3·1절 기념식 (2019. 3. 1)

좌익 이념과 조직, 소련군대와 소련공산당의 압도적인 영향력이 해방공간에 실재했다는 점과, 한반도 남쪽만이라도 자유체제가 성립되지 못했으면 그 귀결이 어떤 사회가 될 것이었는지 70년을 넘게 보고 있으면서도, 이를 '색깔론'이라 부르고 '친일잔재' 청산만을 주된 관점으로 현대사를 바라본다는 것은 시대착오적인 역사 인식이라 하지 않을 수 없다.

우리 사회의 불행은 이런 1980년대 대학운동권적 인식이 대한민국 대통령의 3·1절 100주년 연설을 통해 공언되는 지경에까지 이르렀다는 것이다. 뿐만 아니라 이런 현상이 앞으로 다시 반복되지 않으리라는 보장이 없다. 80년대 운동권적 역사 인식의 틀이 대중적인 도그마로 자라나 각종 문화, 교육을 통해 확대·재생산되는 구조로 고착되어 왔기 때문이다. SNS 위주의 언론·소통 환경은 이런 지적 후진성의 극복을 더욱 어렵게 가로막고 있다. 문 대통령의 언어가 보여주듯이 신념은 〈동질적인〉 집단 내에서 날로 강화되고, 계몽의 권위와 영향력을 가진 교양·언론 영역은 날로 위축되어 왔다. 어떻게 이 헌법적 위기를 극복할 수 있을 것인가.

'분단체제론'의 신화

문 대통령과 그를 둘러싼 완강한 세력(흐름)에서 보여지는 반헌법적 인식의 뿌리는 무엇일까. 문 대통령의 아래 연설문들을 통해 볼 때 그 진원지는 1970년대 이래 백낙청 교수가 대표적으로 주장해 온 〈분단문학론-분단체제론〉이 아닐까 짐작된다.

백낙청 교수는 남한과 북한 모두 분단체제가 빚은 모순에 시달리므로 그 극복이 첫째가는 과제라고 주장해 왔는데, 문 대통령 또한 여러 연설에서 분단을 근본적인 체제모순으로 보아 유사한 시각을 견지하고 있다.

> 남북 분단은 이념을 앞세운 부패와 특권과 불공정을 용인했고 이로 인해 많은 역량을 소모했습니다.
>
> [싱가포르 방문] 싱가포르 렉처 (2018. 7. 13)

지금 우리는 우리의 운명을 스스로 책임지며 한반도의 평화와 번영을 향해 가고 있습니다. 분단을 극복하기 위한 길입니다. 분단은 전쟁 이후에 국민의 삶 속에서 전쟁의 공포를 일상화했습니다. 많은 젊은이의 목숨을 앗아갔고 막대한 경제적 비용과 역량 소모를 가져왔습니다. 경기도와 강원도 북부 지역은 개발이 제한되었고 서해 5도 주민은 풍요의 바다를 눈앞에 두고도 조업할 수 없었습니다. 분단은 대한민국을 대륙으로부터 단절된 섬으로 만들었습니다. 분단은 우리의 사고까지 분단시켰습니다. 많은 금기들이 자유로운 사고를 막았습니다. 분단은 안보를 내세운 군부독재의 명분이 되었고, 국민을 편 가르는 이념갈등과 색깔론 정치, 지역주의 정치의 빌미가 되었으며, 특권과 부정부패의 온상이 됐습니다. 우리의 생존과 번영을 위해 반드시 분단을 극복해야 합니다. 정치적 통일은 멀더라도 남북 간 평화를 정착시키고 자유롭게 오가며 하나의 경제공동체를 이루는 그것이 우리에게 진정한 광복입니다.

제73주년 광복절 및 정부수립 70주년 경축식 (2018. 8. 15)

분단은 기득권을 지키는 방법으로, 정치적 반대자를 매장하는 방법으로, 특권과 반칙을 허용하는 방법으로 이용됐습니다. 평범한 사람들은 분단이라는 '난세' 동안 자기 운명을 스스로 결정하지 못했습니다. 사상과 표현, 양심의 자유를 억압받았습니다. 자기검열을 당연시했고, 부조리에 익숙해졌습니다.

(중략) 이 오래되고 모순된 상황을 바꿔 보고자 하는 열망은 한국인이 촛불을 든 이유 중 하나였습니다. 민주주의를 지켜냄으로써 평화를 불러오고자 했습니다. 촛불이 평화로 가는 길을 밝히지 않았다면 한국은 아직도 평화를 향해 한 걸음도 내딛지 못했을 것입니다.

(중략) 이제 남북의 문제는 이념과 정치로 악용되어서는 안 되며, 평범한 국민의 생명과 생존의 문제로 확장해야 합니다.

프랑크푸르터 알게마이네 차이퉁(FAZ) 기고문 (2019. 5. 7)

'아무도 흔들 수 없는 나라'는 아직 이루지 못했습니다. 아직도 우리가 충분히 강하지 않기 때문이며, 아직도 우리가 분단되어 있기 때문입니다.

(중략) 분단을 극복해낼 때 비로소 우리의 광복은 완성되고, "아무도 흔들 수 없는 나라"가 될 것입니다.

광복절 기념사 (2019. 8. 15)

우리에게 분단은 성장과 번영의 가장 큰 걸림돌인 동시에 항구적 평화를 가로막는 강고한 장벽입니다. 우리도 이 장벽을 걷어낼 수 있습니다. 비록 통일에는 더 많은 시간이 걸릴지라도, 남북이 공존하며 한반도 비핵화와 항구적 평화를 통해 동북아시아 전체의 번영에 기여하는 '한반도 모델'을 만들어낼 수 있습니다.

광복절 기념사 (2021. 8. 15)

그 국가체제를 정당화하는 가치와 이념을 떠나 한 국가가 존립할 수 없다. 남북문제 분단문제가 이념의 차원을 넘어선다는 백낙청 교수와 문 대통령의 인식은 실상 특정 이념에 기울어진 것이다. 자유민주주의 가치와 이념에 바탕한 헌법질서의 수호자인 대통령이 분단 극복만을 절대화하는 것은 정치와 직의 본분을 벗어난 일이다. 나아가 '독재, 부패, 불공정, 후진적 정치, 특권과 반칙, 성장의 걸림돌 등' 온갖 문제의 원인을 남북 분단에 돌리고, 분단이 극복되면 항구적 평화와 번영의 공동체가 수립되며 "아무도 흔들 수 없는 나라"가 된다는 반쯤 신화적인 인식틀을 대통령이 공식 연설로 드러낸다는 점은 필자를 포함한 다수의 상식적인 국민들을 깜짝 놀라게 한다.

신화적 인식과 정치적 인식의 착종 때문인지 문 대통령의 연설문에서는 몽환적이라고 불릴 만한 표현이 자주 등장한다. 그 중의 일부를 소개해 본다.

몽환적 통치

남북 관계에서도 주변국에 기대지 않고 우리가 운전석에 앉아서 주도해 나가겠습니다.

[미국 방문] 워싱턴 동포 간담회 (2017. 7. 1)

분단은 냉전의 틈바구니 속에서 우리 힘으로 우리 운명을 결정할 수 없었던 식민지 시대가 남긴 불행한 유산입니다. 그러나 이제 우리는 스스로 우리 운명을 결정할 수 있을 만큼 국력이 커졌습니다. 한반도 평화도, 분단 극복도 우리가 우리 힘으로 만들어 가야 합니다.

제72주년 광복절 경축식 (2017. 8. 15)

문 대통령의 유명한 〈한반도 운전자론〉 관련 연설이다. 6·25전쟁의 교전 당사자이자 정전협정의 당사자가 대한민국을 포함한 17개국 유엔군 사령부와 북한·중국인데 남북만이 어떻게 "운전석에 앉아서 주도"할 수 있다는 말인가. 2017년 취임 첫 해 기세등등했던 문 대통령은 "우리는 스스로의 운명을 결정할 수 있을만큼" 강대국이 되었다고 주장한다. 그러나 9·19군사협정과 트럼프와 김정은의 만남 등의 장면에서 문 대통령의 모습은 늘 "주도"나 "결정"과는 거리가 멀어 보였다. 결국 호언장담이 있은 지 3년이 채 못되어 문 대통령은 "현실적으로 존재하는 국제적인 제약을 넘어서지 못했"다고 자인할 수밖에 없었다.

> 판문점선언의 실천에 속도를 내지 못한 것은 결코 우리의 의지가 부족해서가 아닙니다. 현실적으로 존재하는 국제적인 제약을 넘어서지 못했기 때문입니다.
>
> 수석, 보좌관회의 (2020. 4. 27)

> 우리가 원하는 나라는 함께 잘사는 나라, 누구나 공정한 기회를 가지고, 실패해도 다시 일어날 수 있는 나라입니다. 우리가 원하는 나라는 완도 섬마을의 소녀가 울산에서 수소산업을 공부하여 남포에서 창업하고, 몽골과 시베리아로 친환경차를 수출하는 나라입니다. 회령에서 자

소중몽(小中夢)

많은 국민들이 2017. 12. 15. 문 대통령이 우리나라와 중국을 "한쪽의 번영이 서로에게 도움이 되는 운명공동체"라고 공언했을 때 의아하게 여겼다. 그 실상을 보다 자세히 살펴본다.

중국이 번영할 때 한국도 함께 번영했고, 중국이 쇠퇴할 때 한국도 함께 쇠퇴했습니다.

[중국 방문] 중국 동포 간담회 (2017. 12. 13)

인류에게는 여전히 풀지 못한 두 가지 숙제가 있습니다. 그 첫째는 항구적 평화이고, 둘째는 인류 전체의 공영입니다. 나는 중국이 더 많은 다양성을 포용하고 개방과 관용의 중국정신을 펼쳐갈 때 이 꿈이 실현가능할 것이라고 믿습니다. 한국도 책임 있는 중견국가로서 그 꿈에 함께할 것입니다.

(중략) 한국과 중국은 근대사의 고난을 함께 겪고 극복한 동지입니다. 나는 이번 중국 방문이 이러한 동지적 신의를 바탕으로 양국 관계를 한 차원 더 발전시켜 나가는 출발점이 되기를 희망합니다. 또한 나는 한국과 중국이 '식민 제국주의'를 함께 이겨 낸 것처럼 지금의 동북아에 닥친 위기를 함께 극복해 나가길 바랍니다.

(중략) 나는 중국의 소강사회의 꿈과 한국의 사람중심 경제 목표가 일맥상통一脈相通한다고 생각합니다. 경제성장률로 대표되는 숫자보다 국민 한 사람 한 사람을 소중하게 생각하는 근본정신이 같기 때문입니다. 한중 양국이 이러한 정책 목표의 유사성을 기반으로 양국 관계를 발전시켜 나간다면 한중 양국의 공동발전을 실현하고 지역 평화에 기여하게 될 것입니다. 또한 아시아의 발전, 더 나아가 인류 공영을 촉진하는 동반자가 될 것입니다.

베이징(北京)대학 연설 (2017. 12. 15)

우선 "중국이 번영할 때 한국도 함께 번영했"다는 문 대통령의 말은 사실과 어긋난다. 중국이 강성하면 한반도를 침략하거나 굴종을 강요하는 경우가 더 많았다고 봄이 일반적이다.

근래 몇 년간 홍콩에서 자유를 위한 격렬한 투쟁이 벌어졌다. 〈Glory to Hong Kong(영광이 다시 오길)〉은 그 와중에 불려진 감동적인 노래다. 우리나라에서도 홍콩의 자유 투쟁을 응원하며, 같은 곡조에 개사한 가사를 붙인 노래가 젊은 세대를 중심으로 크게 호응을 얻었다.

〈Glory to Hong Kong(영광이 다시 오길)〉[1]

우린 그렇게 두렵다
우린 그토록 애절하다
고개 들면서 구호 외치면서
자유는 다시 오길

총알 눈앞에 지나가
연기 목안에 머무른다
피가 흘러도 한 걸음씩 간다
우리의 자유 위해.

벌벌 떨었었던 그 날들

옆에서 몰랐던 친구와 함께

서서히 자유를 위해 큰 힘을 모아

용기내어 함께 걸어~

---

1 We pledge: No more tears on our land,
(우리 맹약하노니, 우리의 땅 위에 눈물은 더 이상 없을지라.)
In wrath, doubts dispell'd we make our stand.
(격노로, 우리 맞서는 데 의심들을 몰아낼지라.)
Arise! Ye who would not be slaves again:
(일어나라! 다시 노예가 되지 않을 그대들이여)
For Hong Kong, may Freedom reign!
(홍콩을 위하여, 자유가 군림하기를!)
Though deep is the dread that lies ahead,
(앞에 놓인 두려움이 깊을지라도,)
Yet still, with our faith, on we tread.
(우리는 믿음을 갖고 계속 전진하리라.)
Let blood rage afield! Our voice grows evermore:
(들판에 피가 흐르도록! 우리의 목소리를 언제나 드높일지라)
For Hong Kong, may Glory reign!
(홍콩을 위하여, 영광이 군림하기를!)
Stars may fade, as darkness fills the air,
(별들이 흐릿해져도, 그렇게 암흑이 공중을 메워도,)
Through the mist a solitary trumpet flares:
(이 안개를 뚫고 트럼펫 소리 하나 터져나오니)
Now, to arms! For Freedom we fight, with all might we strike!
(지금, 무장하라! 자유를 위하여 우리는 싸우리라, 온 힘을 다해)
With valour, wisdom both, we stride!
(용맹을 품고, 지혜와 함께, 우리 성큼 나아가리라!)
Break now the dawn, liberate our Hong Kong,
(이제 여명을 깨부수자, 우리의 홍콩을 해방하자.)
In common breath: Revolution of our times!
(같은 숨을 삼키며, 우리 시대의 혁명이어라!)
May people reign, proud and free, now and evermore,
(이제와 같이 언제나, 인민이 군림하기를, 자랑스럽고 자유롭기를)
Glory be to thee, Hong Kong!
(홍콩, 그대에게 영광 있으라!)

다시 오를 홍콩의 태양아
정의 구현 위하여 시대혁명
민주 자유 영원히 홍콩 비추길 ~ !
영광이 다시 오길

비슷한 시기 문 대통령은 홍콩의 자유 투쟁과 대조적으로 "개방과 관용의 중국정신"이 인류의 항구적 평화와 공영을 가져올 것이라며, 한국도 그 꿈에 함께 할 것이라 말하고 있다.

무엇보다 현재 중국을 지배하는 중국공산당은 6·25전쟁의 엄연한 상대방이다. 아직 6·25전쟁은 종결되지 않았다. 어떻게 한국과 중국이 "근대사의 고난을 함께 겪고 극복한 동지"라고 말할 수 있는가? 일본 제국주의 시기만을 염두에 둔 말이라면 지극히 일면적인 시각일 수밖에 없다.

문 대통령의 중국 관련 연설은 외교적 고려라기보다 속내의 표현에 더 가깝게 들린다. 문제는 문 대통령이 진심으로 중국에 굴복하며 한·미동맹과 한·미·일협력에서 멀어질수록 중국은 더 오만하고 파렴치하게 한국을 대한다는 점이다.

민주주의 대혼돈

문 대통령의 몽환적 인식 중 민주주의에 대한 대혼돈을 빼놓을 수 없다. 아래 연설문에서 보는 것처럼 문 대통령에게 '민주주의'는 "자유민주적 기본질서"와는 아예 담을 쌓은, 만병통치약적인 추상성으로 변질되어 있다.

> 민주주의가 밥이고, 밥이 민주주의가 되어야 합니다. (중략) 우리 주변에 일상화되어 있는 비민주적 요소는 우리 모두 서로 도와가며 바꿔 나갑시다. 개개인이 깨어 있는 민주 시민이 되기 위한 노력은 그것대로 같이 해 나갑시다. 민주주의가 정치·사회·경제제도로 정착하고 우리 한 사람 한 사람이 일상에서 민주주의로 훈련될 때 민주주의는 그 어떤 폭풍 앞에서도 꺾이지 않을 것입니다.
>
> 제30주년 6·10민주항쟁 기념사 (2017. 6. 10)

진보와 보수, 좌우의 이념적 구별과 대립은 우리 미래에 아무 의미가 없습니다. 우리의 민주주의는 북의 미사일보다 백배 천배 강합니다.

(중략) 북이 갖고 있지 못한 민주주의가 우리의 밥이고, 삶이고, 평화입니다.

제35회 이북도민 체육대회 개회식 (2017. 10. 22)

촛불은 위대했습니다. 민주주의와 헌법의 가치를 실현했습니다.

촛불집회 1주년 SNS 메시지 (2017. 10. 28)

민주주의는 아직 자라고 있습니다. 민주주의를 제도로만 생각하면 이미 민주주의가 이뤄진 것처럼 생각할지도 모릅니다. 민주주의는 제도이기 이전에 우리가 살아가는 방식입니다. 더 자주 실천하여 더 많은 민주주의자가 되는 것이 민주주의입니다. 민주주의는 아직 허허벌판에서 바람에 나부끼는 가냘픈 꽃에 불과합니다. 더 많이 햇볕을 받고, 때에 맞춰 물을 주어야 튼튼하게 자라날 수 있습니다.

(중략) 우리의 민주주의는 6·10민주항쟁을 기준으로 명징하게 나눠집니다. 그해 6월로부터 우리는 쿠데타, 체육관 선거, 보도지침, 계엄령으로 상징되던 군부독재 체제를 청산하고 직선제, 표현의 자유, 민주주의 시대로 나아가기 시작했습니다. 그리고 우리는 다시 촛불혁명을 통해 더 많은 민주주의, 더 다양한 민주주의, 더 좋은 민주주의를 시작했습니다.

제32주년 6·10민주항쟁 기념식 축사 (2019. 6. 10)

6·10민주항쟁의 그날, 우리는 민주주의를 함께 만들어 냈습니다. 학생들은 앞장섰고, 회사원들은 손수건을 흔들고, 택시기사들은 경적을 울렸습니다. 어머니들은 전투경찰의 가슴에 꽃을 달아 주었습니다. 온 국민께서 함께 민주주의라는 이름의 나무를 광장에 심었습니다. 그로부터 서른세 해가 흘렀습니다. 노동자들은 평등과 단결이라는 햇빛을, 시민들은 공감과 참여라는 햇빛을 나무에 비춰 주었습니다. 청년들이 어머니·아버지가 되면서 우리의 가정에 민주주의가 시작되었습니다. 인권을 돌아보게 되었고, 한 사람 한 사람을 소중하게 여기게 되었습니다.

민주주의가 위태로울 때 우리는 촛불을 들었고, 모두와 함께 천천히, 그러나 결코 방향을 잃지 않고 오늘에 이르렀습니다.

제33주년 6·10민주항쟁 기념식 (2020. 6. 10)

문 대통령이 말하는 민주주의는 헌법적인 "자유민주적 기본질서"와 대체 어떤 관련을 지니는 것인가. 우리 헌법재판소는 수십 년간 누차에 걸쳐 헌법 전문과 제4조에 있는 "자유민주적 기본질서"의 의미에 대해 아래와 같이 판시해 왔다.

"우리 헌법은 자유민주적 기본질서의 보호를 그 최고의 가치로 인정하고 있고, 그 내용은 모든 폭력적 지배와 자의적 지배 즉 반국가단체의 일인독재 내지 일당독재를 배제하고 다수의 의사에 의한 국민의 자치, 자유·평등의 기본원칙에 의한 법치주의적 통치질서를 말한다. 구체적으로는 기본적 인권의 존중, 권력분립, 의회제도, 복수정당제도, 선거제도, 사유재산과 시장경제를 골간으로 한 경제질서 및 사법권의 독립 등을 의미한다"(헌재 1990. 4. 2. 89헌가113, 판례집 2, 49, 64; 1994. 4. 28. 89헌마221, 판례집 6-1, 239, 259-260 참조).

문 대통령은 헌법 제66조 제2항과 제69조에 따라 "헌법을 수호할 책무"와 "헌법을 준수"할 의무를 지닌다. 헌법 전문과 제4조에서 두 번씩이나 강조되고 있는 "자유민주적 기본질서"의 의미를 떠나, 이와 배치되는 '민주주의론'을 설파하고, 이런 독자적인 '민주주의론'을 대통령직의 권력과 권한으로 추진하는 것은 위헌적 행동이라 하지 않을 수 없다.

> 대한민국 헌법 제66조
>
> ②대통령은 국가의 독립·영토의 보전·국가의 계속성과 헌법을 수호할 책무를 진다.

> 대한민국 헌법 제69조
>
> 대통령은 취임에 즈음하여 다음의 선서를 한다. "나는 헌법을 준수하고 국가를 보위하며 조국의 평화적 통일과 국민의 자유와 복리의 증진 및 민족문화의 창달에 노력하여 대통령으로서의 직책을 성실히 수행할 것을 국민 앞에 엄숙히 선서합니다."

"우리의 밥이고, 삶이고, 평화"라는 문 대통령의 민주주의론이 어떻게 헌법적 "자유민주적 기본질서"와 조화롭게 해석될 수 있는지 필자로서는 너무나 혼란스럽다. 혹시 문 대통령 자신도 혼돈을 겪고 있는 것은 아닐까. 만일 그렇다면 대한민국은 지난 5년간 사상 초유의 헌법적 대혼돈, 암흑의 역사를 통과해 온 것이다.

투트랙(two track) 혁명

1부의 마지막으로 투트랙(two track) 혁명 노선에 대한 경계를 상기하려 한다. 문 대통령의 연설문을 대강 들으면 좋은 말들의 연속과 '말잔치'로 여겨진다. 다소 붕 떠 있는 말들이라는 느낌을 받지만 '연설문이 대개 그렇지' 하고 넘어가기 십상이다. 그런데, 95%의 그런 말들 사이에 아주 심각한 5%의 말이 곳곳에 암초처럼 산재해 있다. 그의 연설문을 읽고나면 '나머지 95%의 말들이 사실은 이 5%의 말을 위해 존재했구나'라는 결론에 이를 때가 많다.

투트랙 혁명 노선을 추구하는 이들은 바로 이와 같은 방법을 국가작용 전반에 걸쳐 추진했을 것이다. 겉보기에 문제없어 보이는, 아니 오히려 그럴듯한 매력을 가진 말들이나 정책을 95% 내세운다, 그 사이에 자신들이 정말 핵심적으로 추진하고

자 하는 혁명 과제를 5% 끼워 넣는다. 깨어 있는 감시와 대응이 뒷받침되지 않는 한 투트랙 혁명 노선은 국가 장악과 전복에 성공할 가능성이 아주 높다. 필자는 문 정부 5년 기간 대한민국이 이런 벼랑 끝을 간신히 통과해 왔다고 느낀다.

> 지난 두 달 동안 많은 변화가 있었습니다. 국정농단 사태로 무너진 대한민국을 다시 세우고 있습니다. 새 정부는 촛불혁명의 정신을 이을 것입니다. 국민이 주인으로 대접받는 국민의 나라, 모든 특권과 반칙·불공정을 일소하고, 차별과 격차를 해소하는 정의로운 대한민국, 적폐와 부정부패 청산을 위한 조치도 시작했습니다.
>
> 국정과제 보고대회 (2017. 7. 19)

> 새 정부는 작년 겨울 촛불광장으로부터 시작되었다고 생각합니다. '이게 나라냐'라는 탄식이 광장을 가득 채웠지만, 그것이 나라다운 나라를 만들자는 국민 결의로 모아졌습니다. 국민의 나라, 정의로운 대한민국을 만들자는 국민의 희망, 이것이 문재인정부의 출발이었습니다. 모든 특권과 반칙, 부정부패를 청산하고 공정하고 정의로운

대한민국으로 중단 없이 나아갈 것입니다.

취임 100일 기자회견 (2017. 8. 17)

오늘 국군기무사령부를 해체하는 대통령령과 군사안보 지원사령부를 새로 창설하는 대통령령 제정 안건이 상정됩니다.

제35회 국무회의 (2018. 8. 14)

나라다운 나라, 특권과 반칙 없이 공정하고 정의로운 대한민국을 부르짖으며 적폐 청산이 도입되고, 적폐가 쌓인 권력 기관, 주요 개혁 대상 기관이 지목된다. 국가정보원, 국군기무사령부는 대표적인 개혁 대상 기관이었다. 나아가 군대 내에서 이적·간첩 활동을 방지하고 보안을 감시하는 기관인 국군기무사령부는 아예 해체되기에 이르렀다.

그런데, 문 대통령 퇴임을 불과 며칠 앞두고 현역 장교가 국방부 지하벙커에서 군사기밀자료를 북측 요원에게 넘긴 희대의 간첩 행위가 적발되었다. 국군기무사령부마저 해체된 마당에 앞으로 이런 종류의 군내 간첩 행위에 대한 공백이 지속된다면 국가안보가 어떤 지경에 빠지겠는가. 95% 분량 '정의로운 대한민국'을 부르짖다가 5% 분량 '기무사 해체'를 끼워넣는 투트랙 혁명 노선의 위험성을 실감하게 된다.

이어지는 2부에서는 문 대통령에게 스스로를 기만하는 요소가 있음을 살펴보고, 문 대통령 연설문의 또 다른 특징인 〈꿈 같은 희망〉을 자세히 분석해보기로 한다.

제2부

꿈같은 희망

달의 몰락

지금에 이르러서는 김대중 전 대통령의 햇볕정책, 이를 계승한다고 자부했던 문 대통령의 달빛정책(?) 모두 돌이킬 수 없이 파산했다고 인정하는 것이 필요하지 않을까. 앞으로도 다시 대화와 '평화'만을 일방적으로 강조하며, 그것만이 북핵 위기에 대한 유일하고 현명한 대응책이라고 주장한다면, 지난 30년의 공空수표를 끝없이 남발하는 데 지나지 않을 것이다.

문 대통령의 연설 중 '대화를 통해 북한의 태도 변화를 유도하고 이로써 완전한 북핵폐기에 이른다'는 입장은 수없이 반복해서 표출되었다.

> 국가안보와 국민안위에 대해서는 한 발짝도 물러서거나 타협하지 않을 것입니다.

(중략) 완전한 북핵폐기를 위해 흔들림 없이 노력해 나갈 것입니다.

국가안전보장회의(NSC) (2017. 6. 8)

현시점에서 우리는 북한의 재래식 도발뿐만 아니라 북한의 핵·미사일 위협에 대한 억제 대응 태세를 확고하게 유지해야 할 것입니다. 나아가 긴밀한 한미동맹을 바탕으로 북한의 태도 변화를 이끌어 내야 합니다. 궁극적으로는 평화를 되찾고 북한의 핵·미사일 위협을 근원적으로 해결하는 방안을 찾아야 합니다. 이를 위해 한미동맹을 더욱 강화하면서 한미연합 방위 태세를 굳건히 유지하는 가운데 한국군의 북핵·미사일 방어 3축 체계를 조기에 구축하기 위해 노력해야 할 것입니다.

한미연합사령부 순시 (2017. 6. 13)

우리가 운전석에 앉아 주변국과의 협력을 바탕으로 한반도 문제를 이끌어 갈 수 있음을 보여 주셨습니다.

(중략) 김대중 대통령님께서 북한의 핵과 도발을 불용不容하겠다는 원칙을 지키면서 남북 관계 발전을 이루어 냈

듯이 (중략) 핵과 미사일 고도화로 '말 따로 행동 따로'인 것은 바로 북한입니다. 우리는 우리대로 노력할 것입니다. 북한도 그렇게 해야 할 것입니다. 북한의 핵 포기 결단은 남북 간 합의의 이행 의지를 보여 주는 증표입니다.

(중략) 북한 핵의 완전한 폐기와 한반도 평화 체제의 구축, 그리고 북미 관계의 정상화까지 포괄적으로 논의할 수 있을 것입니다.

(중략) 우리 청년들의 상상력이 한반도 북쪽을 넘어 유라시아까지 뻗어가도록 돕겠습니다. 여야와 보수·진보의 구분 없이 초당적 협력과 국민적 지지로 남북 화해와 협력, 평화·번영의 길이 지속되게끔 하겠습니다.

6·15남북공동선언 17주년 기념식 (2017. 6. 15)

통일을 향한 담대한 비전과 실사구시實事求是의 정신, 안보와 평화에 대한 결연한 의지로 한반도 문제 해결의 주인은 바로 우리 자신이라는 원칙을 흔들림 없이 지켜 나갈 것입니다. 나아가 평화를 지키는 안보를 넘어 평화를 만드는 안보로 한반도 평화와 경제 번영을 함께 이뤄 가겠습니다. 국민통합과 적폐청산, 양극화와 불평등 해소의

과제도 민주정부의 자부심, 책임감으로 온 힘을 다해 해결할 것입니다.

김대중 대통령 서거 8주기 추도식 (2017. 8. 18)

한반도 문제의 직접 당사자는 바로 우리입니다. 우리의 운명은 우리가 결정한다는 주인의식을 갖고 능동적이고 주도적인 노력을 지속해 나가야 할 것입니다. 핵 문제는 대한민국의 미래와 직결됩니다. 우리가 나서서 중심적 역할을 수행해 가면서 한반도 평화 프로세스가 흔들림 없이 꾸준히 전진할 수 있도록 최선을 다해야 하겠습니다.

2018 제1차 국가안전보장회의(NSC) (2018. 6. 18)

이제는 더 이상 위의 연설문과 같이 "한반도 문제 해결의 주인은 바로 우리 자신"이라는 원론적 입장만을 강조하며 "북한 핵의 완전한 폐기와 한반도 평화 체제의 구축, 그리고 북미 관계의 정상화"를 위해 "북한의 태도 변화를 이끌어 내야" 한다면서 온갖 무리수를 동원하는 일은 끝내야 하겠다.

북한 핵 문제는 대한민국, 한민족, 한반도의 문제면서 동시에 동아시아, 세계질서상의 문제임이 분명하다. 유엔 안보리에 의한 제재가 엄존하는데, 우리나라 정부가 임의로 그 제재를 풀 수 없다는 것도 분명한 사실이다. 혹자는 문 정부의 5년간을 북한을 대신해서 세계 외교를 펼친 기간이라고까지 혹평한다. 결국 성과는 내지 못했다. 북한체제와 북핵 문제가 그만큼 인류에게 심각한 문제이기 때문인데, 이를 '우리 힘이 모자라서' 장벽을 못 넘었다고 결론내리는 것은 위험한 입장이라 하지 않을 수 없다.

아래 연설문에서는 2018년 9·19 평양 회담 전후로 한껏 고조되어 있는 문 대통령의 모습이 잘 드러나 있다.

> 제가 취임한 지 불과 1년 4개월 만에 세 번이나 만날 거라고 누가 예상을 했겠습니까?
> (중략) 앞으로 핵이나 미사일 추가실험을 하지 않겠다고 약속했고, 실제로 2017년 11월 이후 일체 추가적 도발을 하지 않고 있습니다. 핵실험을 할 수 있는 핵 실험장과 미사일 엔진 시험장도 폐기를 했습니다. 그런 조치에 대해 한미도 미국의 전략자산을 전개하는 대규모 연합훈련

을 중단하는 것으로 화답했습니다. 북한은 앞으로 핵과 미사일을 더 발전시키고 고도화하는 능력을 포기했다고 말할 수 있습니다. 미래의 핵은 북한이 이미 폐기 조치를 취했다고 생각합니다. 미군 유해를 송환한다든지 '9·9절' 사열에서도 중·장거리 미사일을 동원하지 않는다든지 여러 가지 성의들을 보였습니다.

남북정상회담 원로자문단 오찬 간담회 (2018. 9. 15)

이제 북한의 핵포기는 북한 내부에서도 되돌릴 수 없을 만큼 공식화됐습니다.

[미국방문] 한미 정상회담 (2018. 9. 24)

15만 평양시민 앞에서 핵무기도, 핵 위협도 없는 한반도, 평화의 한반도를 약속했습니다. 우리는 지금 평화의 시대로 가고 있습니다.

제70주년 국군의 날 기념식 (2018. 10. 1)

남북은 한반도에서 전쟁의 공포와 무력충돌의 위험을 완전히 제거하기로 합의했고 구체적인 조치들을 실천하고 있습니다.

2018 재외공관장 격려 만찬 (2018. 12. 10)

지난해까지 한반도는 긴장과 대치로 일촉즉발 전쟁 위기의 상황이었습니다. 불과 1년 만에 남과 북이 한반도 전쟁 종식을 선언하고 대화를 통한 평화시대를 열었습니다. 남과 북은 9·19군사분야 합의를 이루어냈고 남북간 군사적 적대행위를 중지했습니다. 최근에는 시범적 GP(감시초소) 철수와 JSA(공동경비구역)의 실질적 비무장화를 성실히 이행해 나가고 있습니다. DMZ(군사분계선)의 오솔길에서 남과 북의 장병들이 손을 잡았습니다. 화살머리 고지에 길이 열리고 한반도에 숨통도 열렸습니다. 국민께서 한반도에 평화가 시작됐다는 것을 피부로 느끼셨을 것이라 생각합니다. 우리 군이 정말 큰일을 해냈습니다.

국방부 업무보고 (2019. 12. 18)

평창 동계올림픽 후 남북정상회담이 열리기 전 수석·보좌관 회의에서 이루어진 문 대통령의 아래 발언은 당시의 기대와 정신 상태를 잘 보여준다.

한반도 비핵화와 항구적 평화체제, 남북 공동번영의 길을 열 수 있는 소중한 기회가 마련되었습니다. 앞으로 두 달 사이에 남북정상회담, 북미정상회담 등이 연이어 개최되면서 중대한 변화가 있을 것입니다. 우리가 성공해 낸다면 세계사적으로 극적인 변화가 만들어질 것이며, 대한민국이 그 주역이 될 수 있을 것입니다. 지금 세계는 우리의 역량을 주목하고 있습니다. 이 기회를 제대로 살려 내느냐 여부에 대한민국과 한반도의 운명이 걸려 있습니다. 정권 차원이 아니라 대한민국이라는 국가 차원에서 결코 놓쳐서는 안 될 너무나 중요한 기회입니다. 우리가 이런 기회를 만들어 낼 수 있었던 것은 결코 우연이 아니라 그 길이 옳은 길이기 때문입니다. 전쟁이 아닌 평화를, 군사적 해법이 아닌 외교적 해법을 전 세계가 바라고 있기 때문입니다. 그러나 우리가 두 달이라는 짧은 기간에 이루려고 하는 것은 지금까지 세계가 성공하지 못했던 대전환의 길입니다. 그래서 그 결과도 낙관하기 어렵고 과정도 조심스러운 것이 현실입니다. 국민 여러분의 지지와 성원만이 예측 불가능한 외부적인 변수들을 이겨 내고 우리를 성공으로 이끌 수 있는 힘이 될 것입니다. 부디 여야, 보수·진보, 이념과 진영을 초월하여 성공적인 회담이 될 수 있도록 국력을 하나로 모아 주시길 국민께 간곡히 당부합니다.

수석·보좌관회의 (2018. 3. 12)

대전환의 요체는 북한의 태도 변화였다. 세계가 기대했던 태도 변화는 결국 이루어지지 않았다. 북핵 폐기가 아니라 북핵 위기의 심화만 5년에 걸쳐 더 진행된 셈이다. 그런 면에서 앞으로도 더 반복될 수 있는 아래와 같은 입장은 철저히 반성될 필요가 있다. 북핵 문제의 연원은 결코 대한민국과 자유체제가 냉전적 대립을 일삼고 있기 때문이 아니다. 문 정부 5년의 실패를 겪고도 계속 그런 입장을 고수한다면 이는 현실 경험을 통해 조정이 불가능한 도그마에 빠져 있는 것일 뿐이다.

둘째, 북핵 문제와 적대관계 청산을 북미 간의 대화에만 기댈 수는 없습니다. 남북대화도 함께 성공적으로 병행해 나가야 합니다. 남북 관계가 좋아지면 북미 관계가 함께 좋아지고, 북미 관계가 좋아지면 남북 관계를 더욱 발전시키는 선순환 관계를 만들어 가야 합니다. 이를 위해 이번 주부터 시작되는 남북군사회담, 적십자회담, 체육회담 등의 남북대화에 대해서도 국민께서 지속적인 지지와 성원을 보내 주시기 바랍니다.

셋째, 우리 정부는 출범 후 오늘에 이르기까지 온갖 어려움을 겪으면서도 끝내 지금의 상황을 만들어내는 데 성공했습니다. 앞으로도 한반도의 완전한 비핵화와 평화체제가 구축될 때까지 최선을 다할 것입니다. 어떤 상황 속에서도 적어도 한반도 문제만큼은 우리가 주인공이라는 자세와 의지를 잃지 않도록 국민께서 끝까지 함께해 주실 것을 부탁드립니다.

수석·보좌관회의 (2018. 6. 11)

바야흐로 한반도에 새로운 질서가 만들어지고 있는 것입니다. 한반도의 새로운 질서는 동북아의 새로운 질서로 이어질 것입니다. 저는 그 모든 과정이 한반도의 완전한 비핵화와 항구적 평화체제 구축에 반드시 필요한 과정이며, 도움이 되는 과정이라고 보고 있습니다. 지구상에 남은 마지막 냉전체제를 해체할 수 있도록 미국 외의 다른 관련국들과 협력해 나가는 데도 적극적인 노력을 기울여야 하겠습니다. 그리고 이 과정이 잘 진행되고 우리가 주도적인 역할을 할 수 있도록 정치권과 국민께서도 정부에 힘을 모아 주시기를 당부드립니다.

제43회 국무회의 (2018. 10. 8)

지난 주말 북한 김영철 부위원장의 미국 방문으로 북미 고위급 회담, 트럼프(Donald Trump) 대통령 예방 등이 있었습니다. 이번 회담 결과에 북미 양측 모두 만족한다는 긍정적인 평가를 미국으로부터 듣고 있습니다. 특히 트럼프 대통령은 비핵화와 다른 문제들에 대해 많은 진전이 있었다고 평가했습니다. 스웨덴에서는 실무대화가 이어지고 있고 우리도 참여하고 있습니다. 2월 말께 열리게 될 제2차 북미 정상회담의 전망을 밝게 해 주는 좋은 소식들입니다. 국민께서는 이 모습을 보시면서 어떤 생각을 하실지 궁금합니다. 이제 우리의 관심사는 제2차 북미 정상회담의 결과입니다. 그러나 지금 우리가 그 결과를 미리 알지 못하더라도 한 가지 분명한 것은 한반도를 둘러싼 국제 정치 상황이 급변하고 있다는 사실입니다. 1953년 정전 이후 65년 만에 처음 찾아온, 두 번 다시 없을 기회입니다. 우리는 이 기회를 무조건 살려야 합니다. 이번 기회에 우리는 반드시 북핵 문제를 평화적으로 해결해야 합니다. 흔들리지 않는 평화를 구축하고, 평화를 우리 경제의 기회로 만들어내야 합니다.

수석·보좌관회의 (2019. 1. 21)

다음은 2017년 5월 10일 문 대통령 취임 후 2022. 1. 30.까지 북한 미사일 발사 일지다(연합뉴스 기사 https://www.yna.co.kr/view/AKR20220130024900504). 북한은 문 대통령 시기 잠수함발사탄도미사일, 극초음속미사일, 대륙간탄도미사일(ICBM) 등 대한민국과 미국을 위협하는 무기체계를 고도화했고, 이에 더하여 단거리 미사일에도 장착 가능한 전술핵 개발에 몰두하여, 추가 핵실험이 유력하게 예보되고 있다.

○ 2017.5.14. 평북 구성서 신형 중장거리탄도미사일(IRBM) 화성-12형 1발 발사

○ 2017.5.21. 평남 북창서 중거리탄도미사일(MRBM) 북극성 2형 발사

○ 2017.5.29. 강원 원산서 스커드-ER 급 지대함 탄도미사

일 발사

○ 2017.6.8. 강원 원산서 지대함 순항미사일 수발 발사

○ 2017.7.4. 평북 구성서 대륙간탄도미사일(ICBM)급 화성-14형 발사

○ 2017.7.28. 자강도 무평리서 대륙간탄도미사일(ICBM)급 화성-14형 발사

○ 2017.8.26. 강원도 깃대령서 단거리 탄도미사일 3발 발사

○ 2017.8.29. 평양 순안비행장서 중장거리탄도미사일(IRBM) 화성-12형 발사

○ 2017.9.15. 평양 순안비행장서 중장거리탄도미사일(IRBM) 화성-12형 발사

○ 2017.11.29. 평안남도 평성 일대에서 동해상으로 신형 대륙간탄도미사일(ICBM) 화성-15형 1발 발사. "국가핵무력 완성" 주장

○ 2018. 11.16. 김정은 국무위원장 참관 하 신형 첨단전술무기 시험했다고 조선중앙통신 보도

○ 2019. 4.17. 김정은 국무위원장 참관 하 신형 전술유도무기 사격시험했다고 조선중앙통신 보도

○ 2019.5.4. 강원 원산 호도반도서 단거리 탄도미사일 KN-

23 2발 발사

○ 2019.5.9. 평북 구성서 단거리 탄도미사일 KN-23 2발 발사

○ 2019.7.25. 원산 호도반도서 단거리 탄도미사일 KN-23 2발 발사

○ 2019.7.31. 원산 갈마서 신형방사포 2발 발사

○ 2019.8.2. 함남 영흥서 신형방사포 2발 발사

○ 2019.8.6. 함남 과일서 단거리 탄도미사일 KN-23 2발 발사

○ 2019.8.10. 함남 함흥서 신형 전술지대지미사일 2발 발사

○ 2019.8.16. 강원 통천 북방서 신형 전술지대지미사일 2발 발사

○ 2019.8.24. 함남 선덕서 초대형 방사포 2발 발사

○ 2019.9.10. 평남 개천서 초대형방사포 2발 발사

○ 2019.10.2. 원산 북동쪽 해상서 잠수함발사탄도미사일(SLBM) 발사

○ 2019.10.31. 평남 순천서 초대형 방사포 2발 발사

○ 2019.11.28. 함남 연포서 초대형 방사포 2발 발사

○ 2020.3.2. 강원 원산서 초대형 방사포 2발 발사

○ 2020.3.9. 함남 선덕서 다종의 단거리 발사체 발사

○ 2020.3.21. 평북 선천서 단거리 탄도미사일 KN-24 발사

○ 2020.3.29. 강원 원산서 초대형 방사포 2발 발사

○ 2020.4.14. 강원 문천서 단거리 순항미사일 발사

○ 2021.1.22. 평북 구성서 순항미사일 2발 발사

○ 2021.3.21. 평북 온천서 순항미사일 2발 발사

○ 2021.3.25. 함남 함주서 신형전술유도탄 2발 발사

○ 2021.9.15. 평남 양덕서 탄도미사일 2발 발사

○ 2021.9.28. 자강도 룡림군서 극초음속 미사일 화성-8형 발사

○ 2021.10.19. 신포서 미니 잠수함발사탄도미사일(SLBM) 발사

○ 2022.1.5. 자강도서 극초음속 주장 탄도미사일 발사

○ 2022.1.11. 자강도서 극초음속 주장 탄도미사일 발사

○ 2022.1.14. 평북 의주서 단거리 탄도미사일 KN-23 2발 발사

○ 2022.1.17. 평양 순안비행장서 단거리 탄도미사일 KN-24 2발 발사

○ 2022.1.25. 장거리 순항미사일 2발 발사

○ 2022.1.27. 함남 함흥서 KN-23 개량형 단거리 탄도미사일 2발 발사

○ 2022.1.30. 자강도 무평리서 중거리탄도미사일(IRBM) 고각 발사

문 대통령 시기 2018년 한 해를 제외하고는 지속적인 미사일 실험, 긴장 고조와 무기체계의 고도화가 진행되었음을 알 수 있다. "오직 평화"를 외치던 문 대통령은 퇴임 직전인 2022. 3. 3. 뒷북치듯 국가안전보장회의(NSC)를 소집했다. 울화가 치밀 수밖에 없는 쪽은 문 대통령의 "오직 평화" 노선이 반헌법적이며, 오히려 반평화적이라고 일관되게 말해 온 보통 국민들이다.

결국 문 대통령도 퇴임에 가까운 시점에서는 실패를 자인할 수밖에 없었다. 그럼에도 문 대통령은 북한의 긴장 조성을 우발적인 것으로 보며, 다시 대화만을 강조하는 기존의 집착을 버리지 않는다.

> 한반도 평화는 저절로 오지 않습니다. 한반도에 때때로 긴장이 조성됩니다. 오늘 아침 북한은 미상의 단거리 발사체를 시험 발사했습니다. 이로 인해 긴장이 조성되고, 남북관계의 정체가 더 깊어질 수 있다는 우려가 있습니

다. 그러나 우리는 이러한 상황을 근원적으로 극복하기 위해 대화의 끈을 놓아서는 안됩니다.

동해선 강릉~제진 철도건설 착공식 (2022. 1. 5)

문 대통령은 아래 연설문처럼 언제나 종전선언에 집착했다. 종전선언이 유엔사 해체 주장에 국제법적 빌미를 제공하는 위험이 있고, 납북자 문제 등 종전선언에 앞서 풀어야 할 과제가 있다는 주장에는 한사코 두 귀를 막아 왔다.

청년들이 한반도로 왔습니다. 미군 3만 6,595명, 카투사 7,174명이 평화를 위해 목숨을 바쳤습니다.
(중략) 영웅들께서 가장 바라는 것은 한반도의 완전한 평화입니다. 나는 유엔총회 연설에서 한국전쟁의 당사국들이 모여 종전선언과 함께 화해와 협력의 새로운 시대를 열자고 제안했습니다. 지속가능한 평화는 유엔 창설에 담긴 꿈이며, 종전선언은 한반도를 넘어 평화를 염원하는 모든 이들에게 새로운 희망과 용기가 될 것입니다.

[미국 방문 | 유엔총회] 한미 유해 상호 인수식 (2021. 9. 22)

"오직 평화"만을 외치며, 국제사회에서 북한을 위한 대리외교만을 펼친다고 평가받은 문 대통령에 대해 북한 김정은 정권은 오히려 "삶은 소대가리", "태생적 바보", "판별 능력마저 상실한 떼떼(말더듬이)" 등의 극언을 일삼아 왔다. 햇볕정책과 달빛정책은 모두 실패임이 확인되었다. 평화를 구걸할수록 결국 돌아오는 것은 비참한 수모일 뿐임을 똑똑히 자각해야 한다.

자기기만

외교적 정치적으로 정련된 말을 하는 것과 자기기만은 구분된다. 외교적으로 단련된 말은 말의 안과 밖에 대한 두 개의 시선이 지니는 긴장을 유지하지만, 자기기만에 빠진 것은 비판적인 자기검증의 건강성이 허물어져 버린 상태라 할 수 있다. 문 대통령의 연설 곳곳에서 자기기만이 의심되는 대목을 만나게 된다.

> 북측 카메라가 있으니 한 가지 말씀을 더 드리자면 이번에 와서 보니 정말 평양의 발전이 놀랍습니다. 평양 모습이 완전히 달라졌습니다. 산에 나무들도 아주 많고 푸르러졌습니다. 여러 가지 어려운 상황 속에서 나라를 발전시키고 인민의 삶을 향상시키고 있는 김정은 위원장의 지도력에 경의를 표하고 싶습니다.
>
> [북한 방문] 2018 제3차 남북정상회담 (2018. 9. 18)

오늘 도착해 보니 평양의 발전이 참으로 놀랍습니다. 대동강변을 따라 늘어선 고층건물과 평양시민의 활기찬 모습이 아주 인상적입니다. 과학과 경제를 발전시켜 주민의 삶을 나아지게 하려는 김정은 위원장의 지도력과 성취를 알 수 있었습니다. 남북이 자유롭게 오가며 서로 돕고 함께 발전한다면 온 세상이 깜짝 놀라게 될 것입니다.

[북한 방문] 남북 환영만찬 답사 (2018. 9. 18)

무엇보다 중요한 성과는 이번 평양공동선언에 담긴 군사분야 합의입니다. 남북은 한반도 전체에서 서로에 대한 적대행위를 전면 중단하기로 했습니다.

(중략) 유엔사나 주한미군의 지위에 영향을 미칠지 모른다는 일각의 우려는 사실이 아닙니다. 종전선언은 평화협정으로 가기 위한 정치적 선언이므로 평화협정이 체결될 때까지는 정전체제가 그대로 유지됩니다. 주한미군의 주둔은 종전선언이나 평화협정과 무관하게 한미동맹이 결정할 문제입니다.

[미국 방문] 미국외교협회(CFR)·코리아소사이어티(KS)·아시아소사이어티(AS) 공동주최 연설 (2018. 9. 25)

문 정권은 종전선언보다 수위가 한참 떨어지는 판문점 선언에 대해서도 국회 비준을 요구했다. 정치적 선언 차원이어서 비준 대상이 되지 않는다는 전문가들의 입장 발표가 있었음에도, 향후 정부에까지 구속력을 가지도록 비준과 같은 행위가 필요하다고 줄기차게 주장했다.

그런데 종전선언을 하자고 국민적 설득에 나서면서는 종전선언이 '정치적 선언'에 불과할 것이라고 말한다. 판문점 선언에 대한 비준이 필요하다고 강변했던 전례를 생각해 보면, 일단 종전선언이 이루어질 경우, 국회 비준 이야기가 나올 것은 불을 보듯 뻔하다고 할 것이다.

종전선언은 유엔사 해체 주장과 평화협정 주장으로 연결될 수밖에 없다. 과거 월남과 월맹의 평화협정이 어떻게 귀결되었는가? 미군 철수에 이은 월남의 패망이었다. 역사적으로 눈앞에 닥친 분쟁을 모면해 보려던 미봉책은 결국 더 큰 전쟁을 불러오고 만다는 것을 히틀러에게 체코를 넘겨 세계전쟁을 불러온 뮌헨협정, 2차대전 중 독일의 소련 침공으로 파기되어버린 독·소불가침조약 등의 사례에서 숱하게 확인할 수 있다.

문 대통령의 북한 인권에 대한 외면은 놀라운 수준이다. 문 정부는 마지막까지 유엔 북한 인권 결의 제안에 동참하지 않았다. 심지어 대북전단금지법을 통과시키기까지 했다. 인권변호사로 알려진 문 대통령의 이같은 행동에 대해 외국 인권운동가들은 놀라움을 금치 못했다. 토마스 오헤아 퀸타나 유엔 북한 인권특별보고관은 한국 정부의 대북전단금지법에 "심각한 문제가 있다"고 비판했으며, 한국 정부의 해명도 국제 기준에 부합하지 않는다며 거듭 재검토를 촉구했다.

영국 의회에서 일하며 유럽의회와 북한 인권 문제 등을 협의하는 티머시 조 사무관은 "대북전단금지법과 유럽연합이 주도하는 유엔의 북한인권결의안 공동제안국에 한국 정부가 계속 불참하는 데 대해 유럽에서도 우려가 크다"면서 "이는 인권을 수호하는 민주주의 국가로서 옳지 않은 방향"이란 지적도 나오고 있다고 말했다.

세계 300여 개 단체를 대변하는 67개 비정부 기구들과 퀸타나 보고관 등 국제 인사들은 지난 2019년 문재인 대통령에게 서한을 보내 한국 정부의 침묵이 북한 정권의 인권 탄압을 더

부추긴다며 유엔의 북한인권결의안 공동제안국 참여 등 개선을 촉구한 바 있다.

이후 지난해 북한 반인도범죄국제연대(ICNK), 휴먼 라이츠 워치(HRW), 미국의 전직 고위관리 수십 명의 서명이 담긴 서한이 최근까지지도 청와대와 한국 외교부에 계속 전달됐고, 별도로 유엔 인권 특별보고관들의 우려 서한도 계속 이어지고 있다.

국제 인권 분야에서 40년 이상 활동한 전문가로 최근 '북한의 인권과 유엔의 역할' 보고서를 발표한 데이비드 호크 전 국제앰네스티 미국 지부장은 국제 인권운동가들이 특히 한국 정부의 대북전단금지법에 큰 충격을 받았다고 말했다.

"인권운동가들은 북한이 외부로부터 정보를 얻을 수 있는 권리를 제한하는 것을 지지하기 위해 한국 정부가 남한 사람들의 권리와 자유를 제한하는 데까지 갈 것이라고는 예상하지 못했다"고 한다.

호크 전 지부장은 국제 인권 원칙과 국제사회의 흐름에 역행하는 이런 한국 정부의 대북 접근에 대해 실망감이 커지고 있다면서 이는 국제사회의 역사적 교훈과도 배치되는 것이라고 지적했다(2021. 7. 22. VOA 기사문 참조, https://www.voakorea.com/a/korea_korea-social-issues_rok-human-rights/6060374.html)

아래는 2018년 12월 10일 인권의 날 기념식에서 한 연설이다.

> 세계인권선언은 제2차 세계대전에 대한 반성에서 시작됐습니다. 인류역사상 가장 참혹했던 전쟁과 야만의 역사를 다시는 반복하지 않겠다는 결연한 의지가 전문과 각 조항에 담겨 있습니다. 세계인권선언 1조는 모든 사람은 태어날 때부터 자유롭고 존엄하며, 평등하다고 천명했습니다. 이어지는 30개의 조항은 국가를 비롯한 그 어떤 권력도 침해할 수 없는 인간의 기본권을 상세히 기록하고 있습니다.
>
> (중략) 관계자 여러분께 격려와 감사의 마음을 전합니다. 인권의 가치를 최우선에 두면서, 결코 포기하지 않고 한 발 한 발 앞으로 나아가겠습니다. 인권과 평화를 향한 이 길에 국민 여러분께서 함께해 주시길 희망합니다.
>
> 2018 인권의 날 기념식 (2018. 12. 10)

"인권의 가치를 최우선에 둔다"면서 북한 체제의 지속적인 반인도범죄를 무시하는 것은 '외교적으로 불가피해서 이를 언급하지 않는 것'과 분명히 구별된다. 문 대통령이 북한 인권 문제에 대해 진지하게 고민했다는 흔적을 발견할 수 없다. 더구나 북한 체제가 유엔이 공식 인정한 반인도범죄체제라는 점에 대해서는 조금이라도 동의한 흔적을 발견할 수 없다.

오히려 문 대통령은 반인도범죄자인 김정은의 사私금고로 흘러들어가고, 핵개발 자금으로 전용되었을 가능성이 큰 현금 유입 통로인 〈개성공단, 금강산 관광〉을 북한의 염원처럼 재개하자고, '국제사회가 제재를 풀어야 한다'고 계속 부르짖었다. 유엔 안보리는 제재를 초래한 북한의 위반 사실에 기초하여 문 대통령의 요청을 받아들이지 않았다. 그런데도 문 정부는 국제사회가 받아들일 수 없는 똑같은 제의를 무한 반복했다.

> 평화가 곧 경제입니다. 잘살고자 하는 마음은 우리나 북한이나 똑같습니다. 남북 철도·도로 연결은 우리 경제에 새로운 활로가 될 것입니다. 개성공단과 금강산관광은

남북 모두에게 이익이 됐습니다.

2019 신년 기자회견 (2019. 1. 10)

절정을 달리던 문 대통령의 기세는 하노이 회담 후 1차로 꺾이게 된다. 하노이 회담 후 연설에서 문 대통령은 회담 결과를 최대한 부풀려 보려 하나 도저히 제대로 거론할 만한 것이 없었음을 확인할 수 있다.

한반도의 항구적 평화는 많은 고비를 넘어야 확고해질 것입니다. 베트남 하노이(Hanoi)에서 열린 제2차 북미 정상회담은 장시간 대화를 나누고 상호이해와 신뢰를 높인 것만으로도 의미 있는 진전이었습니다. 특히 두 정상 사이에 연락사무소 설치까지 논의가 이뤄진 것은 양국 관계 정상화를 위한 중요한 성과였습니다. 트럼프(Donald Trump) 대통령이 보여준 지속적인 대화 의지와 낙관적인 전망을 높이 평가합니다. 더 높은 합의로 가는 과정이라고 생각합니다.

(중략) 통일도 먼 곳에 있지 않습니다. 차이를 인정하며 마음을 통합하고 호혜적 관계를 만들면 그것이 바로 통일

입니다.

(중략) 한반도 평화로 아시아 번영에 기여하겠습니다.

제100주년 3·1절 기념식 (2019. 3. 1)

이후에 이루어진 문 대통령의 관련 연설을 보면 망집妄執이란 단어가 떠오를 정도이다.

한반도 평화의 시작은 언제나 대화와 협력입니다. 나는 남북 간, 북미 간 대화의 조속한 재개를 촉구합니다. 대화와 협력이 평화를 만들어낼 수 있다는 것이 한반도에서 증명되기를 기대합니다.

[미국 방문 | 유엔총회] 제76차 유엔총회 기조연설 (2021. 9. 21)

외눈박이 마을의 전설

선택적 정의, 도구적 정의라는 말과 같이 정의의 잣대를 대고 싶은 곳에만 댄다면 이미 그 정의는 보복의 악순환만을 불러올 뿐 존중되는 미덕이 될 수 없다. 문 대통령의 연설문에는 마치 한 쪽 방향만을 보도록 타고난 외눈박이 마을의 전설을 떠올리게 하는 부분이 곧잘 눈에 뜨인다.

> 국가안보를 위한 일이라고 해도 절차적 정당성과 민주적 정당성을 지켜야 하는데 그러지 못했습니다. 대통령으로서 깊은 유감을 표하고 위로의 말씀을 드립니다.
>
> 강정마을 주민과의 대화 (2018. 10. 11)

제주 해군기지 건설을 반대했던 강정마을 주민과 절차적 정당성을 다짐했던 문 대통령이 퇴임 직전 검수완박법을 처리할 때는 철저히 절차적 정당성을 무시했다. 문 대통령은 검수완박 법을 공포하기 위해 국무회의 시간을 억지로 연기하기까지 했던 것이다.

> 이제 경찰은 집회·시위 대응방식을 완전히 바꿨습니다. 시민 기본권과 인권을 최대한 보장하고 있습니다. 집회·시위 참가자들의 목소리와 요구를 현장에서 경청하는 한국형 대화경찰관 제도를 전국으로 확대하고 있습니다. 저는 대통령으로서 분명히 약속합니다. 더 이상 공권력의 무리한 집행으로 국민과 경찰이 함께 피해자가 되는 일은 없을 것입니다.
>
> 제73주년 경찰의 날 기념식 (2018. 10. 25)

공권력의 무리한 집행은 없을 것이라고 다짐했던 문 대통령은 집권 중반 이후 코로나 방역을 핑계삼아 1인시위마저 억압하기에 이르렀다. 위 연설을 한 문 대통령과 광화문 광장을 철제 펜스로 뒤덮고 소위 '재인산성'을 쌓도록 허용한 문 대통령은 과연 같은 사람인가?

국민은 권력형 적폐청산 수사를 믿고 지지해 주셨습니다. (중략) 부패에는 크고 작음이 없습니다. 작은 부패라도 피해자의 인생을 바꾸고 대한민국의 운명을 바꾸는 결과를 가져올 수 있습니다. 부패와 맞서기 위해서는 정부부터 깨끗해져야 합니다. 대부분의 공무원이 성실하고 청렴하게 자신의 소명을 다하고 있음을 잘 알고 있습니다. 그러나 윗물부터 맑아야 한다는 다짐으로 늘 자신부터 돌아보는 자세를 가져야 할 것입니다.

제3차 반부패정책협의회 (2018. 11. 20)

위 연설을 한 후 1년 정도 지나 벌어진 조국 전 장관, 윤미향 의원 사태를 고려해 보면, 이와 같은 말이 얼마나 외눈박이로 적용되는 것인지 알 수 있다. 정권 차원의 사과가 이루어지기는커녕 오히려 줄기차게 '수사기관 개혁', '친일세력 청산' 이야기만 수년째 들어오지 않았는가.

아래 연설에서 보듯 문 대통령에게는 '편가르기로 정치적 이익을 얻으려는 자들'은 언제나 상대방이었지, 꿈에도 자신의 사람들이 아니었다.

너무나 많은 희생을 치렀고 지금도 아픔이 가시지 않은 민주화운동을 대상으로 오직 색깔론과 지역주의로 편을 가르고 혐오를 불러일으켜 정치적 이익을 얻으려는 행태에 대해 국민께서 단호하게 거부해 주시기 바랍니다.

수석·보좌관회의 (2019. 2. 18)

문 대통령의 평화 담론 또한 외눈박이임을 면할 수 없다. 평화를 부르짖는 것만으로 평화를 누릴 수 있다면 인류의 역사에 왜 그토록 많은 전쟁이 발발했겠는가. '평화를 원하거든 전쟁에 대비하라'는 말처럼 평화 담론은 늘 전쟁에 대한 대비와 함께 있어야 할 것이다. 한미동맹과 한미일협력의 안보적 중요성이 강조될 수밖에 없다. 그러나 문 대통령의 외눈박이 인문적 상상력은 유라시아 대륙으로만 치달아 가고, 자유와 법치, 민주주의와 해양 문명에 대해서는 그 활기가 사그라져 버린다.

한반도의 평화를 공고하게 제도화하는 것이야말로 남과 북 모두에게 큰 이익이 됩니다. 특히 대한민국이, 이른바 코리아 디스카운트를 떨쳐내고 사실상의 섬나라에서 벗어나 대륙으로 연결될 때 누릴 수 있는 이익은 막대합니

> 다. 우리가 지치지 않고 끊임없이 한반도 평화를 꿈꾼다면 우리의 상상력은 한반도를 넘어 유라시아를 넘나들 것입니다. 화해와 협력의 노력을 그치지 않는다면 강고한 장벽은 마침내 허물어지고, 우리가 상상하는 이상의 새로운 희망과 번영이 시작될 것입니다.
>
> 광복절 기념사 (2021. 8. 15)

역사에 대한 외눈박이도 마찬가지이다. 2021. 8. 18. 홍범도 장군의 유해 안장식에서 문 대통령의 시야에는 '독립군, 청산리전투'만 들어올 뿐, 소련군에 의해 무장해제 당한 독립군 수백 명이 살해된 〈자유시 참변〉의 비극과 홍범도 장군의 관련성은 남김없이 사라져 버린다. 홍범도 장군은 소련군에 의해 포로로 잡힌 864명 독립군의 재판을 담당한 2인 위원 중 1명이었다. 이렇게 심한 외눈박이식 행동이 거듭될수록 문 대통령이 불찰이나 실수로 한 쪽을 못본 것이 아니라 양 쪽이 다 보이지만 못본 척 하고 있는 것이 아닌가 생각하게 된다.

들어갈 때와 나올 때

문 대통령이 취임할 때와 퇴임할 때의 분위기는 사뭇 달랐다. 이를 어느 대통령인들 피할 수 있으랴마는 문 대통령의 경우 그 말이 유난히 큰 각도로 휘어지는 것을 연설문에서 확인할 수 있다. "한 번도 경험하지 못한 나라"를 만들겠다던 문 대통령의 공격적인 취임사는 전 국민의 주목을 끈 바 있다. 아래 연설은 그러한 공세적인 분위기에 둘러싸인 임기 초, 문 대통령이 얼마나 의기양양하게 정의의 사도를 자처했는지 보여준다.

> 지난 수년간 우리는 청렴 국가로 나아가기는커녕 오히려 뒷걸음질쳤습니다. 윗물이 깨끗하지 못했기 때문입니다. 더욱 깨끗해야 할 권력, 더욱 청렴해야 할 공공부문이 여전히 고질적 부패의 늪에서 헤어나오지 못했습니다. 국가권력을 남용하면서 부정하고 부패한 방식으로 국민의 삶

을 옥죄고, 국민 세금을 자기 주머니 속의 돈인 양 탕진했습니다. 그로 인해서 반칙과 특권이 일상화되어 국가청렴지수가 열다섯 계단이나 하락하는 지경에 이르렀습니다. (중략) "윗물이 맑아야 아랫물이 맑다"는 속담이 있듯이 반부패정책의 출발을 권력형 부정부패 방지에서부터 시작해 주기 바랍니다. 부정부패 척결에는 성역이 있을 수 없습니다. 문재인정부의 청와대도 예외가 아닙니다. 문재인정부 청와대의 청렴성을 지키는 것이 대한민국 반부패의 출발이라는 자세를 가지고 엄정하게 반부패대책을 추진해 주기 바랍니다. 공공부문뿐 아니라 민간부문에 만연되어 있는 뿌리 깊은 부패 구조까지 반부패정책협의회의 업무 영역을 넓혀 주기 바랍니다. 민간부문 부패는 사회 공정성을 파괴하여 국민 삶을 무너뜨리는 역할을 합니다. 민간부문의 뿌리 깊은 부패 구조까지 해결해야 우리 사회가 비로소 반칙과 특권 없는 공정한 사회가 될 수 있을 것입니다.

제1차 반부패정책협의회 (2017. 9. 26)

국가기관의 불법적 행위에 대해서는 더 단호해야 할 것(입니다.)

헌법재판소 창립 30주년 기념식 (2018. 8. 31)

> 반칙과 특권이 없는 나라, 일상에서 어떤 불공정이나 조그마한 부조리도 결코 용납하지 않는 사회를 원하고 있습니다.
>
> 국정원, 검찰, 경찰 개혁 전략회의 (2019. 2. 15)

이런 자신감과 철저함, 부정부패 척결에 대한 강한 의지로 그가 수사하였던 대상들은 누구인가? 위 연설들이 이루어지는 동안 문 대통령은 검찰을 활용해서 두 전직 대통령을 포함하여 전 정권의 고위직 인사들과 국정원 등 국가안보종사자 상당수, 법관 상당수를 헌정사상 초유의 규모로 고강도 수사를 벌이고 있었다. 조국, 윤미향 사태 이전이며, 추미애 전 장관이 증권범죄합수단을 해체시키기 전의 일이다.

그러나 정권 말기에 이르러 수사의 칼날이 청와대 비서실로 향하자 문 정권의 아젠다는 검찰개혁으로 완전히 옮겨가 버렸다. 급기야 야당으로 정권교체 후 퇴임 시점에 이르러서는 '통합, 포용, 협치, 긍정, 전 정부 계승, 검찰개혁'을 강조하며, 회의시간을 바꾸기까지 하며 검수완박 졸속 입법 공포로 정권을 마무리했다.

들어갈 때는 "한 번도 경험하지 못한 나라", "적폐청산"이라더니 나올 때는 "앞선 정부 성과 계승", "검찰 수사권 완전 박탈"로 끝을 맺었다. 앞과 뒤가 이렇게 정반대로 다른 정권 또한 "한 번도 경험하지 못한" 것임에 분명했다. 취임사 중 유일하게 실천 지수 100 평가를 받은 구절이었다.

> 우리 역사는 시련과 좌절을 딛고 일어선 위대한 성공의 역사였습니다. 생각이 다르더라도 크게는 단합하고 협력하며 이룬 역사였습니다. 다시 통합하고 더욱 포용하며 미래로 함께 나아갑시다. 정부는 유한하지만 역사는 유구합니다. 어느 정부든 앞선 정부의 성과가 다음 정부로 이어지며 더 크게 도약할 때 대한민국은 더 나은 미래로 계속 전진하게 될 것입니다.
>
> 2022 신년사 (2022. 1. 3)

> 역대 정부가 앞선 정부의 성과를 계승하고 부족한 부분을 보완하며 발전시켜온 결과이기도 합니다.
>
> (중략) 대한민국의 역사가 총체적으로 성공한 역사라는 긍정의 평가 위에 서야 다시는 역사를 퇴보시키지 않고

더 큰 성공으로 나아갈 수 있다고 믿습니다.

수석·보좌관회의 (2022. 3. 14)

"검찰수사의 정치적 중립성과 공정성, 선택적 정의에 대한 우려가 여전히 해소되지 않았고 국민의 신뢰를 얻기에 충분하지 않다는 평가가 있어 국회가 수사와 기소의 분리에 한걸음 더 나아갔다."

(중략) "오늘 회의는 시간을 조정해 개최하게 됐다. 국회에서 통과돼 정부에 공포 요청한 검찰청법과 형사소송법 개정안 등 검찰 개혁 관련 법안에 대해 우리 정부 임기안에 책임있게 심의하여 해결하기 위한 것(이다.)"

文, 결국 검수완박 법안 공포… "임기 안에 책임있게 해결" (조선일보 2022. 5. 3)

국정농단 사건으로 헌정질서가 무너졌을 때
우리 국민은 가장 평화적이고 문화적인 촛불집회를 통해,
그리고 헌법과 법률이 정한 탄핵이라는 적법절차에 따라,
정부를 교체하고 민주주의를 다시 일으켜 세웠습니다.

文대통령 "무거운 짐 내려놓는다" (매일경제 2022. 5. 9)

2022. 5. 9. 퇴임에 앞서, 문 대통령의 '촛불혁명'은 얌전한 고양이처럼 '촛불집회'로 바뀌었고, 검찰은 수사기능을 박탈당했다. 문 대통령은 퇴임 후 청와대를 걸어나오면서 환호하는 지지자들에게 둘러싸여 "다시 출마할까요?"라고 농을 건넸다. 참 얌전한 고양이와 같은 모습이었다.

반대로 말하기

북한 정권의 '반대로 말하기'는 유명하다. 우리가 적반하장賊反荷杖이라고 소리쳐야 할 대목에서 도리어 우리를 향해 '도둑이 매를 드네'라며 핏대를 올린다. 유경식당 종업원 탈북 사건에서 우리 정부를 납치범으로 몰아갔던 것, 천안함 폭침을 우리 정부 조작으로 몰아가는 것, KAL기 폭파사건도 우리 정부가 한 짓이라며 끝없이 유언비어를 퍼뜨리는 것 등 이루 다 말할 수 없다.

그런데, 이 정도는 아니라 해도 문 대통령의 반대로 말하기 또한 그 빈도와 뻔뻔함에 있어 상당한 수준을 보여준다. 우선 취임사를 살펴보자. 문 대통령은 진정성을 호소하며 "불가능한 일을 하겠다고 큰소리치지 않겠습니다"라고 했다. 그러더니 같은 취임사 안에서 "한 번도 경험하지 못한 나라", "문재인과 더불어민주당 정부에서 기회는 평등할 것입니다. 과정은 공정할 것입니다. 결과는 정의로울 것입니다.", "오늘부터 저는 국민 모두의 대통령이 되겠습니다"와 같이 "불가능한 일을 하겠다"며 "큰소리"를 연달아 치고 있는 것이다.

> 불가능한 일을 하겠다고 큰소리치지 않겠습니다.
> (중략) 한 번도 경험하지 못한 나라
> (중략) 문재인과 더불어민주당 정부에서 기회는 평등할 것입니다. 과정은 공정할 것입니다. 결과는 정의로울 것입니다.
> (중략) 오늘부터 저는 국민 모두의 대통령이 되겠습니다.
>
> 취임사 (2017. 5. 10)

북한 인권에 대해 문 대통령은 단호한 입장을 취할 것이라고 다음과 같이 말했다.

> 인간 존중의 보편적 가치와 국제 규범은 한반도 전역에서 구현되어야 합니다. 북한 주민의 열악한 인권 상황에 대해서는 국제사회와 함께 분명한 목소리를 낼 것입니다.
>
> [독일 방문] 쾨르버재단 초청 연설 (2017. 7. 6)

이렇게 말하고 나서 문 정부는 북한인권에 대한 유엔 결의 발의에 내내 불참했다. 문 대통령은 이미 노무현 전 대통령 시기 북한인권 결의 참여에 대해 북한 정권에 물어보고 하자는 안을 혼자서 제시했던 바 있다. 위 쾨르버재단 연설에서 문 대통령이 "북한 주민의 열악한 인권 상황에 대해서는 국제사회와 함께 분명한 목소리를 낼 것"이라고 말할 때 어느 정도의 진심이 있었을까. 의식적으로 '반대로 말하기'를 실천한 것이 아닐까라고 의심한다면 필자가 너무 과한 것일까.

취임 후 넉 달 뒤인 2017. 9. 1. 제54회 방송의 날 서면 축사에서 문 대통령은 "정부의 의지와 철학은 확고합니다. 방송의 독립성과 공영성을 보장하겠습니다. 국민 외의 어떠한 권력으로부터도 자유로울 수 있도록 하겠습니다"라고 말했다. 그러나 이 며칠 전인 8월 25일 민주당은 워크샵 중 'KBS·MBC의 야당 측 이사의 개인비리를 부각시키고, 시민단체로 압박'하라며 공영방송 장악을 모의했음이 드러났다. 그리고 이 문건의 내용처럼 야당측 이사에 대한 언론노조 등의 인격살인적 비난과 협박이 거듭되었고 같은 해 12. 28. 문 대통령은 방송통신위원회의 해임 건의를 받은 당일 전자결재로 강규형 KBS 이사에 대한 해임을 재가했다. 이후 만 4년을 넘게 지속된 부당해임취소 소송에서 1, 2, 3심을 다 패소하고 소송비용까지 내라는 결정을 받았다. 문 대통령은 소송비용 지급 부담을 다음 정권에 떠넘기고 퇴임했다. 다시 2017년의 연설을 보자. 이 발언을 할 때 이미 문 대통령의 마음에 방송장악 시나리오가 들어 있었다고 보아야 하지 않을까. '반대로 말하기'의 전형적인 사례이다.

> 정부의 의지와 철학은 확고합니다. 방송의 독립성과 공영성을 보장하겠습니다. 국민 외의 어떠한 권력으로부터도 자유로울 수 있도록 하겠습니다.
>
> 제54회 방송의 날 서면 축사 (2017. 9. 1)

> 촛불혁명 (중략) 이제 언론의 자유를 억압하는 정치권력은 없습니다.
>
> 제63회 신문의 날 기념식 (2019. 4. 4)

문 정권은 적폐청산이라는 미명 아래 법원을 포함한 전 공직사회를 뒤흔드는 수사를 벌였다. 문 대통령은 정부가 출범하자마자 국정과제 1호로 설정한 적폐청산 작업에 정권의 역량을 모두 집중했다. 앞서 2017년 3월 5일 부산 벡스코에서 열린 '촛불이 묻는다, 대한민국이 묻는다' 북콘서트에서 '적폐청산을 어떻게 할 것이냐'는 당시 서울대 교수 조국의 질문에 문 대통령은 "많은 적폐를 만들어낸 근본 원인들을 제거해야만 적폐가 청산될 수 있다"며 "법을 통해서도 개혁하려는 노력을 하겠지만, 만약 법이 통과되지 않으면 대통령이 가지고 있는 모든 수단과 방법을 총동원해서 첫해부터 강력하게 해나갈 계획"이라고 말했다. 나아가 "국회선진화법 때문에 자유한국당의 협조까지 받아야만 뭘 할 수 있는 것 아니냐고 (일각에서) 주장하는데, 저는 그것은 대통령이 가지고 있는 많은 권한들을 제대로 행사하고, 또 우리 국민들이 지금 촛불을 들고 있듯이 강력한 국민들의 지지가 있다면 얼마든지 돌파해낼 수 있다고 생각한다"며 "10년이 아니라 15년, 20년, 30년 계속 되어야만 우리 사회의 여러 가지 몰상식하고 비정상적인 모습들을 근본적으로 바꿔낼 수 있을 것"이라고 말한 바 있다.

이후 문 대통령은 각 부처별로 '적폐청산 TF'를 만들도록 지시했다. 교육부는 국정 교과서 발행에 관여한 교육부 공무원 징계의 수단으로, 문체부는 블랙리스트와 전 정권에 협조한 공무

부분에서 많은 의문점을 남기며 가혹한 청산 작업을 진행했다.

문 대통령이 마음에 있는 생각과 반대의 말을 하는 경향을 보여주는 또 한 사례는 선거공정성에 관한 것이다.

2018년 6월 지방선거는 공정선거 관리에 대한 본격적인 의문이 제기된 선거였다. 이 선거를 앞두고 문 대통령은 새삼스럽게 "선거관리의 공정성에 있어서는 별 문제가 없는 시대라고 인정받을 수 있도록 개표가 끝나는 마지막 순간까지 공정한 선거관리 지원에 최선을 다해 주기 바랍니다"라며 공정한 선거관리를 각별히 당부했다. 그 후로 문 대통령은 두 번 다시 선거관리의 공정성에 대해 언급하지 않았다.

> 우리 정부 들어서 처음 치르는 전국선거인 만큼 투·개표 등 공정한 선거관리를 위해 각별히 노력해 주기 바랍니다. 선거관리의 공정성에 있어서는 별 문제가 없는 시대라고 인정받을 수 있도록 개표가 끝나는 마지막 순간까지 공정한 선거관리 지원에 최선을 다해 주기 바랍니다. (중략) 최근 들어 공직선거 투표율이 높아지고 있는 것은 매우 고무적인 일입니다. 이번 지방선거에서는 사전투표

율이 매우 높아서 최종투표율이 기대가 됩니다. 주권자 인 국민의 뜻을 적극적인 투표 참여로 보여주시길 당부 드리겠습니다.

제26회 국무회의 (2018. 6. 12)

2020년 4·15 총선 이후 아직까지 계속되고 있는 거대한 부정선거 시비를 생각해 보면 문 대통령의 저 말이 예사로 들리지 않는다. 문 대통령은 과연 예지를 가진 인물이었던가?

2019년 1월 문 대통령은 선관위 공무원이었다가 자신의 대선 캠프에서 일한 조해주를 중앙선거관리위원회 상임위원(장관급)으로 임명하여 각급 선거를 총관리하도록 했다. 조해주 상임위원은 2020년 4·15 총선 이후 불거진 거센 선거부정 의혹에도 2022년 1월 임기 만료시까지 자리를 지켰다. 문 대통령은 대선이 얼마 남지 않았다며 연임을 시도했고 이에 2,900명 선관위 전 직원이 조 위원의 사퇴를 촉구하는 선관위 60년 역사상 초유의 사태가 발생했다. 그리고 나서야 문 대통령은 조 위원의 사직서를 수리했다.

지난 2022. 3. 9. 대통령선거 사전투표 현장에서는 사상 초유의 '소쿠리투표' 논란이 일어났다. 코로나19 확진자 투표로 인해 혼란이 생겼다고 하지만, 0.7% 차이로 당락이 결정된 최종 결과를 생각하면 업무의 본질이 파괴된 '부정' 선거라 해도 할 말이 없을 상황이었다. 내용이 훤히 보이는 플라스틱 소쿠리에 투표지를 담는가 하면(비밀선거 원칙 위반), 유권자가 최종 투표함에 직접 투표하지 못했으며, 이미 기표된 투표지가 투표 도중에 나타났다(직접선거, 보통선거, 평등선거 원칙 위반 여지). 이를 질타하는 국민 여론이 비등해지자 문 대통령은 겨우 유감을 표시했다.

신화와 거짓 사이

문 대통령의 연설문에는 근대적이고 합리적인 언설이라기보다 신화적이고 주술적인 느낌을 불러일으키는 대목이 다수 있다. 그중 정도가 심한 것은 의도적인 과장으로 '거짓'의 경계에 다가간 것처럼 보인다. 세월호를 다룬 두 연설을 살펴본다.

> 존경하는 국민 여러분! 2년 전 진도 팽목항에 5·18의 엄마가 4·16의 엄마에게 보낸 펼침막이 있었습니다. "당신 원통함을 내가 아오. 힘내소. 쓰러지지 마시오"라는 내용이었습니다. 국민의 생명을 짓밟은 국가, 국민의 생명을 지키지 못한 국가를 통렬히 꾸짖는 외침이었습니다. (중략) 더 이상 서러운 죽음과 고난이 없는 대한민국, 참이 거짓을 이기는 대한민국으로 나아가겠습니다.
>
> 5·18 기념사 (2017. 5. 18)

"더 이상 서러운 죽음과 고난이 없는 대한민국"이란 전형적인 신화적 표현이다. 이런 차원에서 국민의 생명을 지키지 못한 국가를 탓한다면, 이는 근대적 인식의 지평이라 보기 어렵다. 그런데, 이와 대조적으로 열흘 정도 뒤의 연설에서는 세월호를 "해양 사고"라며 제대로 지적하고 있다. 그런 차원에서 "국민의 생명과 안전이 먼저인 나라"를 말한다면 이는 합리적인 언설의 범주에 속한 것이라고 하겠다.

> 세월호 다시는 이러한 해양 사고가 없어야 합니다. 모든 분야에서 국민의 생명과 안전이 먼저인 나라다운 나라…….
>
> 제22회 바다의 날 기념식 (2017. 5. 31)

문제는 문 대통령이 두 종류의 언어를 함께 구사한다는 것이다. 문 대통령이 '해양 사고'라는 틀을 인식하면서 동시에 경우에 따라서는 '서러운 죽음과 고난'으로 이를 칭할 때 문 대통령의 의식은 정치적 수사修辭인가 아니면 거짓인가. 수사라면 이런 신화적 수사의 남발이 우리 정치의 전근대성을 강화하지 않겠는가.

꿈같은 희망

이제 문 대통령 연설의 큰 특징을 이루는 '꿈같은 희망'에 대해 이야기할 때가 되었다. '꿈같은 희망'이란 문구는 문 대통령의 것이다. 문 대통령은 "조국 법무부장관과 윤석열 검찰총장의 환상적인 조합에 의한 검찰개혁을 희망했"다며, 이제는 "꿈같은 희망이 되고 말았"다고 말한 바 있다. 문 대통령은 윤석열 검찰총장 임명식에서 "우리 청와대든 또는 정부든 또는 집권여당이든 만에 하나 권력형 비리가 있다면 그 점에 대해서는 정말 엄정한 그런 자세로 임해주시기를 바란다"며 "살아있는 권력에 대해서도 똑같은 자세"를 강조하기도 했다.

> 저는 조국 법무부 장관과 윤석열 검찰총장의 환상적인 조합에 의한 검찰개혁을 희망했습니다. 꿈같은 희망이 되고 말았습니다. 결과적으로 국민 사이에 많은 갈등

을 야기한 점에 대해 매우 송구스럽게 생각합니다. 그러나 결코 헛된 꿈으로 끝나지는 않았습니다. 검찰개혁에 대한 조국 장관의 뜨거운 의지와 이를 위해 온갖 어려움을 묵묵히 견디는 자세는 많은 국민에게 다시 한번 검찰개혁의 절실함에 대한 공감을 불러일으켰고, 검찰개혁의 큰 동력이 되었습니다. 오늘 조국 법무부 장관이 발표한 검찰개혁 방안은 역대 정부에서 오랜 세월 요구되어 왔지만 누구도 해내지 못했던 검찰개혁의 큰 발걸음을 떼는 일입니다. 국회의 입법과제까지 이뤄지면 이것으로 검찰개혁의 기본이 만들어지는 것이라고 생각합니다.

수석·보좌관회의 (2019. 10. 14)

'꿈같은 희망'은 문 대통령 연설문이 풍기는 독특한 이미지와 쉽게 통하는 느낌을 주는 말이다. 문 대통령은 그냥 희망 정도가 아니라 '꿈같은' 희망을 즐겨 표출한다. 그런데 그 '꿈같은'의 내용과 느낌은 비전이나, 이상, 이념과는 조금 성격을 달리 한다. 실례를 먼저 들어보는 것이 좋을 듯하다.

대한민국은 지금 대전환기를 맞이하고 있습니다. 우리

정부와 생각을 달리하는 분들이라도 지금 대한민국이 근본적인 변화의 시기에 있다는 사실만큼은 부인할 수 없을 것입니다. 국민은 피와 땀으로 짧은 기간에 경제발전과 민주화라는 놀라운 성취를 이뤄냈습니다. 그러나 한편으로 압축성장의 그늘이 짙어졌고 어느덧 국민 삶을 짓누르고 있습니다. 양적성장만을 추구하는 가운데 소득불평등과 양극화가 극심해졌고 이제는 성장동력마저 잃게 됐습니다. 특권과 반칙이 만연하는 가운데 공정하지도 정의롭지도 않은 사회가 되고 말았습니다. 국가권력은 국민을 위한 것이 아니라 사익을 추구하는 수단으로 전락했습니다. 남북 관계는 파탄이 나 북한의 핵 위협 속에 전쟁의 먹구름이 가득한 나라가 됐습니다. '이게 나라냐'고 국민이 절규했던 바로 그 지점이 우리 정부가 출발한 지점입니다.

(중략) 우리가 함께 이루어야 할 시대적 소명은 분명합니다. 강력하고 지속적인 적폐청산으로 불의의 시대를 밀어내고 공정하고 정의로운 대한민국을 만드는 것입니다. 국민주권을 되살리고 국가권력의 공공성을 회복하는 것입니다. 성장동력을 되살리는 한편 배제와 독식의 경제가 아니

라 공정과 상생의 경제, 소수가 부를 독점하지 않고 다 함께 잘사는 경제를 이루는 것입니다. 한반도의 완전한 비핵화와 항구적인 평화체제를 구축하고, 그 토대 위에서 한반도 경제공동체라는 신경제지도를 그리는 것입니다.

당·정·청 전원회의 (2018. 9. 1)

엄청나게 크고 추상적인 선善 개념들이 겁 없이 나열된다. 그런데, 그 하나마다 실현의 어려움에 대한 자각이 깊게 놓여있지 않다는 느낌을 준다. 아니, 그 어려움에 대해 애초에 진지하게 고민했을까 하는 의심이 들 정도이다. 나열하는 추상적 선 개념이 서로 갈등 관계에 있는 것일 때, 갈등하는 가치를 동시에 살려내는 것의 어려움에 대해서도 과연 얼마나 고민이 배어있는 것인지 의문이 든다. "강력하고 지속적인 적폐청산"과 "성장동력을 되살리는" 것, "다 함께 잘사는 경제를 이루는 것", 셋 모두 각각이 쉽지 않을 뿐만 아니라 동시에 다 이루어 내는 것은 훨씬 더 어려운 일이다. 그런데, 이런 지극한 어려움에 대한 분위기가 전혀 느껴지지 않는다.

문 대통령의 '꿈같은 희망'이 가지는 두 번째 특징은 실천상 큰 어려움이 예상됨에도 거리낌 없이 '해 보자, 뭐가 어렵다는 거지, 하면 되잖아'라는 분위기로 말한다는 것이다. 아래 연설문을 보자.

> 함께 잘살자는 꿈이 민주주의와 경제발전의 동력이 됐습니다.
>
> (중략) 국가가 국민의 삶을 전 생애에 걸쳐 책임지고 기업이 사회적 책임을 다하며 개인이 일 속에서 행복을 찾을 때 우리는 함께 잘살 수 있습니다.
>
> (중략) 이제 남과 북, 미국이 확고한 신뢰 속에서 한반도의 완전한 비핵화와 항구적 평화를 이뤄낼 것입니다. 두 번째 북미 정상회담이 눈앞에 와 있습니다. 조만간 김정은 위원장의 러시아 방문과 시진핑習近平 주석의 방북도 이루어질 것으로 보입니다. 북일정상회담 가능성도 열려 있습니다. 김정은 위원장의 서울 답방도 조만간 이뤄질 것입니다. 한반도와 동북아 공동번영을 향한 역사적인 출발선이 바로 눈앞에 와 있습니다. 우리는 기차로 유라시아 대륙을 넘고 동아시아 철도공동체를 통해 다자평화안보체제로 나아갈 것입니다. 기적같이 찾아온 기회입니다.

결코 놓쳐서는 안 될 기회입니다.

2019년도 예산안 관련 국회 시정연설 (2019. 11. 1)

사람을 사랑하고 사람이 먼저인 나라, 아이가 걱정 없이 자랄 수 있는 나라, 다름이 틀림으로 배척당하지 않고 포용되는 나라, 우리가 추구하는 나라다운 나라

[뉴질랜드 방문] 뉴질랜드 동포 간담회 (2018. 12. 3)

누구나 돈 걱정 없이 원하는 만큼 공부하고, 실패에 대한 두려움 없이 꿈을 위해 달려가고, 노후에는 안락한 삶을 누릴 수 있게 됩니다.

(중략) 충분한 휴식이 일을 즐겁게 하고 효율을 높입니다. 더 높은 삶의 질을 누릴 수 있도록 여가가 우리 일상이 되도록 하겠습니다. 아이가 커 가는 시간에 더 많이 더 자주 함께하면서도 소득이 줄지 않게 하겠습니다. 과도한 노동시간을 줄이고, 일터도 삶도 즐거울 수 있게 하겠습니다. 멀리 가지 않고도 바로 집 근처에서 문화를 즐기실 수 있게 할 것입니다.

포용국가 사회정책 대국민 보고 (2019. 2. 19)

> 누구나 돈 걱정 없이 원하는 만큼 공부하고, 실패에 대한 두려움 없이 꿈을 위해 달려가고, 노후에는 안락한 삶을 누릴 수 있는 나라
>
> 프랑크푸르터 알게마이네 차이퉁(FAZ) 기고문 (2019. 5. 7)

이쯤 되면 문 대통령이 그리는 이상적인 나라는 너무나 현실적 기반에서 멀어져 있어 어딘지 모르게 1845년 칼 마르크스가 그렸던 공산사회의 이상향과 닮아 있다. 마르크스는 자본주의 사회의 노동분업을 비판하면서 공산사회에서는 사회가 일반적 과정을 조절하기 때문에 개인은 오늘은 이 일, 내일은 저 일, 아침에는 사냥, 오후에는 낚시, 저녁에는 목축, 저녁 식사 자리에서는 비평을 할 수 있다고 했다. 공산사회에서는 골치 아픈 문제를 국가가 알아서 해결하니 개인은 마음대로 생을 즐길 수 있다는 오래된 사탕발림이 아직도 그 단맛을 잃지 않은 걸까?

사회, 국가, 정부의 만능에 대한 '꿈같은 희망' 속에서 정부가 하면 되는데 하지 않았던 것일 뿐이라는 경박한 생각으로 〈탈원전〉, 〈소득주도성장〉이라는 현실정책이 기세 좋게 실행

되었던 지난 5년은 생각만으로도 모골이 송연해지는 세월이었다. 이런 일들이 가능하다면 전능한 국가와 전능한 정부라 하지 않을 수 없다. 사실은 실현 수준이 턱없이 제한될 수밖에 없고, 온갖 부작용을 수반한 정치 개입 가운데 국가와 정부를 비대화시키고 개인과 시민사회를 더욱 왜소하게 만드는 방향으로만 귀결되기 십상이다.

문 대통령의 꿈같은 희망은 다양한 주제들로 확산되어 간다.

> 이제는 전쟁을 영원히 끝내고 남북 간에 서로 평화롭게 지내고 싶다는 대한민국 국민의 간절한 염원과 기도가 담겨 있습니다. 여러분, 한 번 상상해 보십시오. 군사분계선과 비무장지대의 철조망이 철거되고 남북한의 전쟁이 영원히 끝난다면, 그곳에는 남북한에 있는 국제기구 사무실들이 위치하고, 유엔의 평화기구들이 들어서고, 남북의 연락사무소가 들어섬으로써 그야말로 국제평화지대로 변모할 수 있습니다.
>
> [교황청 방문 | G20 정상회의] '철조망, 평화가 되다' 특별 전시 관람 (2021. 10. 29)

반인도적 반인권적 3대 세습 체제로 핵개발이 정권유지의 비책인 북한 정권의 실상에 대해 단 한 번의 눈길도 주지 않는 태도라 하지 않을 수 없다. 문제의 실상을 보지 않으니 그야말로 '꿈같은 희망'이 되어버린다.

문 대통령의 꿈같은 희망 시리즈는 너무나 많아 일일이 다 열거하기에는 지면이 부족하다.

> 아플 때나 건강할 때나 나와 내 가족의 삶을 든든하게 지켜 주는 나라다운 나라에 대한 간절한 열망이 있었습니다.
> (중략) 국민건강과 생명을 지키는 것은 국가의 가장 기본적인 책무입니다. 국민이 아픈데 지켜 주지 못하는 나라, 의료비 부담으로 가계가 파탄 나는 나라, 환자가 생기면 가족 전체가 함께 고통받는 나라는 나라다운 나라가 아닙니다. 아픈 것도 서러운데 돈이 없어 치료를 못 받는 것은 피눈물이 나는 일입니다. 아픈데 돈이 없어서 치료를 제대로 못 받는 일이 없도록 하겠습니다. 환자와 가족의 눈물을 닦아 드리고 국민의 건강을 지키는 나라다운

나라를 만들겠습니다.
2022년까지 국민 모두가 의료비 걱정에서 자유로운 나라, 어떤 질병도 안심하고 치료받을 수 있는 나라를 만들어 가겠습니다.

건강보험 보장 강화 관련 현장 방문 (2017. 8. 9)

민주주의가 밥이고, 밥이 민주주의가 되어야 합니다.
(중략) 누구나 성실하게 8시간 일하면 먹고사는 걱정이 없어야 합니다. 실패했더라도 다시 기회를 가져야 합니다.

6·10 30주년 기념사 (2017. 6. 10)

건국 후 문 대통령 대에 이르기까지 형성된 국가부채가 1,433조 원인데, 문 대통령 시기 763조 원(53%)이 증가되어 국가부채가 2,196조원에 이르렀다는 보도(2022. 4. 7.자 조선일보 사설)가 나온 바 있다. 꿈같은 희망에 기반한 역주행의 대가는 미래 세대에게 전가된 엄청난 부담이었다.

정치인에게는 꿈이 있어야 하고, 그 꿈은 현실에서 어느 정도 거리를 두기 마련이다. 하지만 문 대통령처럼 직접적인 정치적 언사로 '꿈같은 희망'을 제시하고 이를 정책적 실행에 옮기거나 선동의 도구로 사용하는 것은 철저한 반성이 필요한 지점이다.

제3부

“다시 출마할까요?”

문재인, 나는 누구인가

문 대통령의 연설문 중 가끔 자연인 문재인에 대해 진술하는 내용이 있다. 문 대통령의 회상적인 자기 진술을 모아 보았다.

> 민주화운동을 했던 학생이었고, 노동·인권 변호사였으며, 촛불혁명에 함께했던 나는 촛불정신을 계승하라는 국민의 열망을 담고 대통령이 되었습니다. 나는 대통령으로서 수많은 국민과 악수를 나눕니다. 국민이 먼저 손을 내밀고 반가워할 때 행복합니다. 동시에 마음이 아파 오기도 합니다. 국민이 내 손을 꼭 잡아 쥘 때 전해 오는 것은 공정하고 정의로운 나라, 그리고 평화로운 한반도를 만들라는 간절함입니다. 오늘 영광스러운 자리에서 나는 다시 다짐합니다. 이제 새로운 대한민국은 경제민주주의와 평화를 향해 나아갈 것입니다. 나와 우리 국민

> 제 청년시절을 되돌아보면 희망이기도 하고 고통이기도 한 시간이었습니다. 인생에 대한 회의가 가득 찬 때도 있었습니다. 인생에 정답이라는 게 있다면 누군가 알려 주면 좋겠다는 생각도 했습니다.
>
> 유한대학교 졸업식 (2019. 2. 23)

뒤이어 대학시절을 회상하며 문 대통령은 "인생에 정답이라는 게 있다면 누군가 알려 주면 좋겠다"는 생각을 했다고 전한다. 이런 인생의 갈피들에 국가가 개입할 수 있는 여지는 어느 정도일까? 국가는 시민에게 무엇보다 안전을 보장해야 한다. 그러나 그 너머의 주관적이고 개인적인 영역에까지 국가가 무언가를 할 수 있거나 해야 한다는 생각은 자유민주주의 이념에 부합하지 않는다. 문 대통령의 회고에 비친 본인이 느꼈던 쓰라림의 탓을 어느 만큼 국가에 돌렸는지 알 수 없지만, 연설문에 전반적으로 드러난 국가만능적 사고를 볼 때, 문 대통령에게서는 개인의 불행마저도 국가의 탓으로 돌리는 경향을 볼 수 있다.

마지막으로 문 대통령은 왜 정치에 참여하게 되었다고 말하는가?

> 이번 선거를 통해 지역으로 국민을 나누는 지역주의 정치, 색깔론으로 편 가르는 분열의 정치는 끝나게 되었다고 생각합니다. 제가 정치에 참여한 가장 중요한 이유와 목표를 이룬 셈입니다. 저는 지역주의 정치구조, 색깔론에 의존하는 분열의 정치에서 벗어나야 우리 정치가 진정으로 발전할 수 있다고 믿었습니다.
>
> 수석·보좌관회의 (2018. 6. 18)

2018년 지방선거에서 더불어민주당은 서울시 구청장의 거의 100%를 당선시켰고, 광역단체장, 기초단체장, 광역의회 의원의 약 80%를 휩쓸었다. 이렇게 전국을 파랗게 물들인 선거가 끝나고 문 대통령은 본인이 정치에 참여한 이유가 "지역주의 정치, 분열의 정치"를 끝내려는 것이었다고 말했다.

2022년 지방선거에서 반대의 결과, 즉 전국이 붉게 물든 결과가 나왔을 때도 문 대통령은 이렇게 말할 수 있을까? 아마 지역주의와 색깔론이 더 강화되었다고 말하지 않을까? 문 대통령의 기본 시각 자체가 오히려 '지역'과 '색깔'에 지나치게 고착되어 있다고 여겨진다.

일부 공감

근본적인 균열에도 불구하고 문 대통령의 연설들 가운데에는 필자에게조차 상당한 공감을 불러일으키는 내용이 분명히 포함되어 있다. 우리 헌법과 국가의 시스템이 아직 다 파괴되지 않았기 때문일 수도 있고, 투트랙 혁명 노선 상 95% 정도 일반적인 말을 전략적으로 해주기 때문일 수도 있다. 문 대통령의 지지자 중 상당수는 이런 부분에만 집중하여 문 대통령에 반대하는 사람들을 '이념의 색안경을 낀 이상한 사람들'로 취급할 수 있다. 퇴임하던 날 청와대 분수대 앞에서 지지자들을 향해 "다시 출마할까요?"라는 말을 할 수 있을 정도로 형성되어 있는 문 팬덤 흐름을 보다 철저하게 극복하기 위해서는 '헌법파괴자 문재인'과 사뭇 달라 보이는 측면에 대해서도 미리 검토해 둘 필요가 있다.

예를 들면 전기자동차를 육성하자면서 1·2인승 초소형 전기자동차를 한동안 출시하지 못한 사례가 있습니다. 외국에서는 단거리 운송용으로 널리 사용되고 있는데도 불구하고, 국내에서는 기존 자동차 분류 체계에 속하지 않는다는 이유로 출시를 못 했습니다. 지금도 3륜 전기자동차 같은 새롭고 창의적인 형태의 자동차 출시를 제한하고 있는데, 규제가 혁신성장의 걸림돌이 되고 있는 사례라고 할 수 있을 것입니다. 협동 작업장 안에 사람이 있으면 로봇은 반드시 정지 상태로 있어야 한다는 규정도 마찬가지입니다. 이 규제 때문에 사람과 로봇이 공동 작업을 할 수가 없습니다. 안전 기준에 부합하는 경우 공동 작업을 할 수 있게 해 주어야 협동로봇산업이 발전하고, 스마트 공장도 확산될 수 있을 것입니다. 이렇게 규제 혁신은 혁신성장을 위한 토대라고 할 수 있습니다. 새로운 융합 기술과 신산업의 변화 속도를 따라가지 못하는 규제는 반드시 혁파해야 한다는 것을 다시 한번 강조하고 싶습니다.

규제혁신 토론회 (2018. 1. 22)

우리는 그동안 독립운동가 후손들을 잘 모시지 못했습니다. 이제 독립유공자의 자녀와 손자녀까지 생활지원금을 드릴 수 있게 되어 무척 다행스럽습니다. 지난 1월, 이동녕 선생의 손녀 82세 이애희 여사를 국가보훈처장이 직접 찾아뵙고 생활지원금을 전달했습니다. 이동녕 선생은 대한민국임시정부에서 주석, 국무령, 국무총리 등을 역임하며 20여 년간 임시정부를 이끌었던 분입니다. 이제 비로소 사람 노릇을 할 수 있게 되었다는 여사님의 말씀이 우리를 부끄럽게 합니다.

제63회 현충일 추념식 (2018. 6. 6)

혁신적 포용국가의 첫 출발이 바로 교육입니다. 혁신적 포용국가는 사람을 길러내고 사람에게 투자하는 것인데, 그것이 바로 교육이라고 생각합니다. 교육을 통해서 혁신 인재들이 길러지고, 교육을 통해서 앞으로 자신의 삶이 더 나아질 것이라는 미래의 희망을 가지게 됩니다. 계층 이동이 가능하게 사다리를 만드는 것 또한 교육의 역할이라 생각합니다. 그래서 교육부의 역할이 아주 막중합니다.

교육부 업무보고 (2018. 12. 11)

간호장교의 길이 평화를 만들어 가는 길입니다. 간호장교는 분쟁이라는 어둠 속에서 인류애라는 희망의 빛을 지켜 왔습니다.

국군간호사관학교 제59기 졸업식 및 임관식 축전 (2019. 3. 11)

바다를 지키며 산화했지만 바다와 함께 영원히 기억될 젊은 용사들의 이름을 떠올려 봅니다. 제2연평해전의 영웅 윤영하 소령과 다섯 장병들, 천안함 46용사, 연평도 포격으로 전사한 서정우 하사와 문광욱 일병, 우리의 소중한 아들들을 깊이 추모합니다. 모두 자랑스러운 대한민국의 영웅들입니다.

서해수호의 날 메시지 (2019. 3. 22)

4차 산업혁명 시대는 창의력과 과학기술이 국가경쟁력을 좌우합니다. 훌륭한 과학자 한 명이 땅속에 매장된 유전보다 가치 있는 시대가 왔습니다. 이제는 국민이 과학기술에 더 많은 관심을 가지고 과학을 생활화하는 것이 중요합니다. 우리 자녀들이 어려서부터 창의력을 키우고 과학기술인의 꿈을 키워갈 수 있도록 해야 합니다. 오늘

과학축제 행사가 그 시작입니다

2019 대한민국 과학축제 전야제 축사 (2019. 4. 19)

여러모로 감사드립니다. 그래도 고생스러운 점, 아쉬운 점이 많이 있을 것 같습니다. 오늘 장관님도 함께 오셨기 때문에 그런 이야기도 허심탄회하게 들려주시면 잘 챙겨 주시지 않을까 생각합니다. 오늘 편하게 이야기 나누시기 바랍니다.

[UAE 방문] 셰이크칼리파 전문병원 한국 의료진 및 직원 격려 방문 (2022. 1. 17)

당부하자면 청와대 일이 크게 정책·안보·정무로 구분되는데, 정부 부처에 칸막이가 있듯이 일을 하다 보면 청와대 내부에서도 자연히 칸막이가 생겨납니다. 안보에 관한 사항은 안보 라인 쪽에서만 논의되고, 정책 사항은 정책 쪽에서만 논의되고, 정무적인 것은 정무 쪽에서만 논의되는 등 청와대비서실 내부에서도 칸막이가 많이 쳐집니다. 과거에 이라크 파병 문제가 그런 사례였습니다. 한편으로 대단히 중요한 정무적 사안인데, 상당 기간 안보실에서만 논의되어 가닥이 어느 정도 잡힌 다음 여론의 비판을 받게 되었고, 그 이후에야 비로소 정무 쪽에서도 그 논의에 참여하게 되었습니다. 만약 좀 더 일찍 정무가 논의에 참여했으면 결정이 다르게 흘러갔을 수도 있고, 똑같은 결정을 하더라도 여론을 설득해 가면서 할 수 있었던 부분이 안보 라인에서만 논의를 하다 보니 좁은 논의가 됐습니다. 한미 FTA 같은 경우도 전형적으로 정책실 차원에서만 오랫동안 논의가 이루어졌고, 그것이 문제가 되고 난 이후에야 비로소 정무까지도 논의에 참여했습니다. 과거를 타산지석他山之石 삼아 정책 사안이나 안보에 관한 사안이라 하더라도 정무적 판단이 필요하다고 생각되는 사안은 수석·보좌관회의에서 공유하거나 논의해야 일을 맞들면서 추진해 나갈 수 있다는 것을 강조합니다. 수석·보좌관회의는 대통령 지시 사항을 전달하는 회의가 아닙니다. 다 함께 공유하고 토론을 통해서 결정하는 회의입니다. 물론 대통령이 수석·보좌관회의에서 지시사항을 전달하는 것을 하나의 방법으로 활용할 수는 있습니다. 그러나 그것은 하나의 방법일 뿐이고, 원칙적으로 수석·보좌관회의는 공유하고 토론하고 결정하는 회의입니다. 나중에 회의에서 결론이 내려진 사항을 대변인이 발표할 때도 대통령 지시 사항과 수석·보좌관회의에서 결정된 사항을 구분해서 발표하면 됩니다. 수석·보좌관회의에서 결정되는 사항은 '수석·보좌관회의에서 이렇게 결정했다'고 발표하면 되고, 그와 별개로 대통령 지시가 있으면 그건 그대로 해 주시면 됩니다.

수석·보좌관회의 (2017. 5. 25)

처음 국무회의를 주재합니다.
국무회의는 활발한 토론이 생명입니다.
국무회의 논의에서 필요한 것은 꼭 전문적인 관점이 아니더라도 상식의 관점으로 논의해 주는 것이 필요하다고 생각합니다.
대통령과 총리의 의견도 늘 옳다는 보장이 없습니다. 그러니 대통령과 총리의 의견에 대해서도 언제든지 이의를 말씀해 주시기 바랍니다. 엉뚱한 의견도 언제든지 환영하겠습니다. 살아 있는 활발한 토론의 장이 될 수 있도록 다 함께 활발하게 토론에 참여해 주시기를 당부합니다.

제28회 국무회의 (2017. 6. 27)

다중이용 화재취약시설에 대한 전수조사 수준의 실태 조사를 해 주십시오. 기존의 형식적인 점검 방법을 답습하지 말고 문제를 모두 드러낼 수 있도록 점검 방법을 새롭게 정립하여 시간이 걸리더라도 제대로 점검해 주기 바랍니다. 그리고 그 점검 결과를 공개하여 실상을 국민께 알리고, 특히 이용자들이 그에 관한 정보를 알 수 있게 하는 방안을 검토해 주기 바랍니다. 다중이용시설의 경우 비상벨을 눌러 소방 당국에 쉽게 화재 신고를 하는 방안과 건물 내 자동화 재탐지 설비가 화재 경보와 동시에 소방서에 화재 발생 사실을 자동 신고하도록 하는 방안을 활성화하는 것도 검토해 주기 바랍니다.

수석·보좌관회의 (2018. 1. 29)

특별히 하반기 경제정책 방향에서 자영업 문제를 강조하고 싶습니다. 지금까지 자영업은 중소기업의 일부분으로 다루어져 왔습니다. 그러나 우리나라에서 자영업은 다른 나라들과 달리 경제활동인구 가운데 차지하는 비율이 매우 높고, 또한 우리나라만의 특수성도 있습니다. 자영업자 규모는 600만 명에 가깝습니다. 여기에 무급 가족 종사자 120여만 명을 포함하면 전체 취업자의 25%, 거의 4분의 1 수준입니다. 이 가운데 중층과 하층 자영업자의 소득은 임금 근로자보다 못한 실정입니다. 따라서 이들을 자기노동으로 자영업을 하는 '자기고용노동자'로 인식할 필요가 있다고 생각합니다. 그렇다면 자영업을 기업과 노동으로만 분류할 수 없는 또 하나의 독자적인 정책영역으로 볼 필요가 있다는 것이 제 생각입니다. 독자적인 산업정책 영역이라고 해도 좋겠습니다. 그런 취지에서 청와대에 자영업 담당 비서관실을 신설하고 직접 현장의 목소리를 듣겠습니다.

수석·보좌관회의 (2018. 7. 23)

한 가지 더 말씀드리겠습니다. 언론에 이미 보도됐기 때문에 공개해도 될 것 같습니다. 부산 북구청장이 제게 편지를 보내왔습니다. 기도하는 심정으로 말씀드리고자 한다며 아주 절박한 마음으로 편지를 보내왔습니다. 요지는 부산 북구는 재정자주도가 기초단체 가운데 전국에서 가장 낮고, 반면에 사회복지비 비율은 가장 높은 편인데, 기초연금이 인상되면서 그 구가 부담해야 할 기초연금 분담액도 함께 늘어나게 되어 구 재정에 매우 어려움을 겪고 있다는 내용입니다. 북구청장은 그 원인을 이렇게 제시했습니다. 기초연금은 국가가 상당부분을 부담하고 그 나머지를 기초단체가 분담하고 있는데 국가가 부담하는 국가부담률이 두 가지 요소로 결정됩니다. 하나는 재정자주도 요소로 차등적용되고 또 하나는 노인인구비율로 차등적용됩니다. 그 가운데 노인인구비율이 14% 미만, 또 14% 이상 20% 미만, 20% 이상, 이렇게 합리적으로 설계가 되어 있는데, 재정자주도는 90% 이상, 90% 미만 80% 이상, 그리고 80% 미만, 이렇게 세 단계로만 분류가 되어 있어서 거의 모든 기초자치단체가 재정자주도가 80% 미만에 해당되기 때문에 이 재정자주도에 의한 구분이 아무런 의미가 없다는 겁니다. 말하자면 재정자주도가 80%에 가까운 기초자치단체나 부산 북구처럼 30%도 안 되는 기초단체나 똑같은 비율로 기초연금을 부담하기 때문에 부산 북구 같은 기초단체는 아주 어려울 수밖에 없다는 것입니다. 부산 지역 언론에서 확인취재를 해 보니 부산 북구는 부산 16개 시·군 가운데 재정자주도는 가장 낮은데 기초연금 분담비율은 가장 높은 것으로 조사됐습니다. 그래서 기초연금 예산이 비슷한 다른 구에 비해 오히려 기초연금 분담금액이 2.5배 이상 더 높은 아주 불합리한 결과가 나타나고 있다는 것입니다. 그래서 부산 북구청장은 부산 북구처럼 이 사회복지 비지수가 55 이상이면서 재정자주도는 35% 미만인 기초 단체가 전국에서 부산 북구, 광주광역시 북구·서구, 대구 광역시 달서구, 이렇게 네 곳이 있는데, 이 네 곳만이라도 우선적으로 「기초연금법」 시행령을 개정하거나 또는 「보조금 관리에 관한 법률」 시행령을 개정하는 방식으로 국가의 기초연금 부담을 좀 더 늘려서 기초단체의 재정 부담을 덜어 달라는 것입니다. 이것은 상당히 타당하고 설득력이 있는 문제 제기라고 생각됩니다. 이 부분에 대한 제도 개선을 검토해 주고, 오늘 원래 우리가 예정했던 안건은 아니지만 이 부분도 나중에 함께 논의해 주기를 당부드립니다.

수석·보좌관회의 (2019. 1. 21)

안전은 국민 삶의 기본이고 성숙한 사회의 척도입니다. 더 집요하고 꾸준하게 점검하고 관리해야 합니다. 안전은 결코 비용의 낭비가 아니라 경쟁력과 생산성을 높이는 투자로 인식해야 합니다. 구체적인 안전관리 책임이 민간에 있거나 사회적 논의나 입법이 지체되는 사정이 있다고 하더라도 안전에 대한 궁극의 책임은 정부가 지지 않을 수 없습니다. 국가재난에서부터 생활 속 안전까지 국민의 생명과 안전을 지키기 위해 정부가 더욱 자세를 가다듬고 다부지게 대응해야 합니다. 특히 오늘 논의되는 교통안전법안이나 「산업안전보건법」, 발전산업안전 강화 방안 모두 희생자와 유가족의 눈물에 빚지고 있다는 것을 우리 모두 잊지 말아야 할 것입니다.

제53회 국무회의 (2019. 12. 17)

4만 3,769명의 (중략) 1950년 낯선 땅에서 오직 애국심과 인류애로 자유와 평화의 길을 열었던 한 병사의 이름이 위대한 역사의 이야기로 길이 남을 것입니다.

[미국 방문] 한국전 전사자 추모의 벽 착공식 (2021. 5. 21)

눈높이 맞추기

문 대통령의 연설문에서 국민의 눈높이에 맞춘 표현들을 다수 발견할 수 있다. 아래에 든 것들은 그중의 일부이다.

쉽고 깊이 있는 말 속에 정치의 힘이 살아 숨쉰다. 쉬우나 깊은 반성이 동반되지 않아 얕은 본성을 드러내는 말은 우리 공동체의 삶까지 얇게 만든다. 시대의 추세만을 뒤쫓는 표피적인 국민의 뜻이 아니라, '듣고 보니 내 생각보다 내 마음을 더 잘 표현해 주었네'라는 방식으로 민심民心을 따르는 것이 절실히 필요하다.

적폐를 청산하고 나라다운 나라를 만들고자 한 1년이었습니다. 역사의 정의를 바로 세우면서 아픈 상처를 치유하고 화해하고자 한 1년이 국민의 삶으로 보면, 여전히 그 세상이 그 세상 아닐까 싶습니다. 그래도 분명히 달라지고 있고, 옳은 방향으로 가고 있다는 희망을 품게 된 1년이었길 진정으로 바랍니다.

취임 1주년 SNS 메시지 (2018. 5. 10)

2년 이상 지속된 코로나19로 인한 상처가 깊습니다. 끝없이 헌신하고 있는 의료진과 방역진, 어려움이 누적되고 있는 소상공인들과 자영업자들, 오랫동안 일상의 불편함을 감수하고 있는 국민 모두에게 깊은 위로와 감사의 말씀을 드립니다.

(중략) 조금만 더 힘을 내 주시기 바랍니다. 동이 트기 전이 가장 어둡고, 봄이 오기 전이 가장 춥다고 합니다. 일상회복으로 가는 마지막 고비라고 생각합니다. 정부를 믿고 함께 힘을 모아 주신다면 우리는 더 빠르게 일상회복으로 나아갈 수 있을 것입니다.

코로나19 중앙재난안전대책본부 회의 (2022. 2. 7)

소득주도성장의 도그마

눈높이에 맞추는 것보다 더 중요한 것은 정책 이념의 방향성이라고 본다. 소득주도성장론을 무비판적으로 고집하며, 최저임금의 급격한 상승을 2년 연속 강행하여, 고용률과 성장률을 동시에 떨어뜨린 것은 문 대통령의 대표적 실정 중 하나로 평가된다.

> 최저임금 인상은 극심한 소득불평등 해소와 저임금 노동자의 인간다운 삶을 위해 반드시 해야 할 정책입니다. 가계소득 증대와 내수 확대를 통해 소득 주도 성장을 이루는 길이기도 합니다 (중략) 다만 단기적으로는 일부 영세 자영업자와 중소기업의 인건비 부담이 늘어나 경영에 어려움을 겪거나 오히려 고용이 줄어드는 등의 어려움이 있을 수 있습니다. 그런 어려움과 부작용을 최소화해야

정책이 조기에 안착할 수 있을 것입니다.

수석·보좌관회의 (2018. 1. 8)

올해 우리나라에서 최저임금이 16.4% 인상됨에 따라 중소기업인·소상공인·자영업자 가운데 부담을 느끼는 분이 많습니다. 정부는 업종별로 구체적인 보완대책을 세심하게 마련해서 시행하고 있습니다. 각 부처는 현장과 적극적으로 소통하고 현장에서 정책을 더 잘 체감할 수 있도록 하는 노력을 병행해 주기 바랍니다. 소상공인, 자영업 종사자분들이 불안해하지 않도록 자세히 설명하고, 정부가 마련한 제도를 적극 활용하도록 안내하고 지원해 주기 바랍니다.

제3회 국무회의 (2018. 1. 16)

사람 잡는 사람중심

경제와 관련하여 문 대통령이 수없이 반복한 말은 '사람중심 경제'이다. '공정경제', '혁신경제'도 종종 거론하지만, 문 대통령의 확고한 대표 구호는 사람중심 경제이다. 그러나 정작 사람중심 경제가 어떤 형태의 경제를 뜻하는지는 불명확하다. 취임 직후 이루어진 아래 연설로 보아 사람중심 경제는 일자리 창출을 의미한다. 그렇다면 어떻게 일자리를 늘릴 것인가?

> 우리 정부의 새 경제정책은 '사람중심 경제'를 지향합니다. 국민과 가계를 경제정책의 중심에 놓겠다는 발상의 대전환입니다. 핵심은 일자리입니다. 일자리를 늘리면 가계소득이 높아집니다. 늘어난 가계소득이 내수를 활성화해 경제성장을 견인하고, 경제성장이 다시 일자리로 이

어지는 선순환 구조를 만들려는 것입니다.

[미국 방문] 한미 비즈니스 서밋 (2017. 6. 28)

일단 (세금으로)일자리를 늘려서 가계소득을 높이고 그러면 지출이 많아질 것이고 경제가 성장하여 다시 일자리를 늘린다는 것은 초등학교 사회교과서에도 나올 수 없고 동화가 될 수도 없는 말이 아닌가? 각 단계마다 있는 수많은 변수와 영향력들에 대한 고려는 보이지 않는다.

4차 산업혁명의 중심에는 사람이 있습니다. 빅데이터, 사물인터넷, 인공지능과 같은 4차 산업혁명 기반 기술은 국민의 삶을 더욱 편리하고 안전하게 만들 때 진정한 가치가 있습니다.

제6회 정보보호의 날 기념식 서면 축사 (2017. 7. 12)

새 정부는 공공 부문에서 먼저 공공서비스 일자리 창출을 선도하고, 이를 마중물 삼아 민간부문 일자리 확대를 유도하고자 합니다.

[독일방문] G20 정상회의 제1세션 (2017. 7. 7)

취임 직후 첫 외부 행사인 인천국제공항 방문에서 문 대통령은 "지난 10년간 비정규직이 줄지 않고 오히려 100만 명 정도 늘어났습니다."라며 지난 정부를 비판했다. 이어서 "비정규직 문제부터 제대로 해결할 필요가 있다", "공공부문부터 임기 내에 비정규직 제로 시대를 열겠다"며 기염을 토했다. "저는 임기 중에 비정규직 문제를 반드시 해결하겠다고 약속을 드렸습니다."라며 공약을 상기시키기도 했다.

그러나 문 대통령은 그동안 왜 비정규직이 늘어났는지에 대한 고민은 별로 없어 보였다. 그 부족의 결과는 졸속 해법을 모색하는 것으로 연결되었다.

> 그전까지는 인원을 늘리지 않는 것을 평가 지표로 삼았기 때문에 공공부문에서 일자리가 필요한 경우에도 정규직을 늘리지 못하고 자꾸 비정규직을 늘리는 악순환이 되풀이됐습니다. 이제는 고용을 적극적으로 늘려 나가고 비정규직을 정규직으로 전환해 나가면 오히려 경영 성과에서 좋은 평가를 받을 수 있는 방향으로 대전환할 필요가 있다고 생각합니다.

(중략) 좋은 일자리 창출이 새 정부의 첫 번째 국정과제라는 점을 다시 한번 강조해서 말씀드립니다. 좋은 일자리 창출로 국민소득이 높아지고, 높아진 소득이 소비로 반영이 되어 내수가 살고, 내수가 경제성장을 뒷받침하면서 또다시 좋은 일자리가 생기고 국민소득 향상으로 되돌아오는 선순환 경제를 꼭 만들어 내겠습니다.

[인천국제공항 방문] 비정규직 근로자와의 대화 (2017. 5. 12)

문 대통령은 자랑스럽게 "비정규직 1만 명을 전원 정규직으로 전환하겠다는 아주 대담한 계획"을 발표했다. 애초에 정규직은 채용 절차 자체가 달랐는데, 이런 중요한 차이는 손쉽게 무시되었다.

결국 좋은 일자리 창출의 각론은 공공부문 뿐이었다. 문 정권 시기 공무원이 12만 7,481명 늘어났는데 이는 과거 20년간 증가한 수를 합한 것보다 더 많다고 한다.

문 대통령은 2018년도 예산안 관련 국회 시정 연설에서 사람중심 경제를 재벌·대기업 중심 경제와 대비시켰다. 그런 다음 사람중심 경제의 뜻을 "일자리와 늘어난 가계소득이 내수를 이끌어 성장하는 경제"라고 정리했다.

> 사람중심 경제는 우리 경제의 패러다임을 바꾸겠다는 것입니다.
> (중략) 재벌·대기업 중심 경제는 빠르게 우리를 빈곤으로부터 일으켜 세웠습니다.
> (중략) 그러나 정체된 성장과 고단한 국민의 삶이 증명하듯이 더 이상 우리의 미래가 보장되지 못합니다.
>
> 2018년도 예산안 관련 국회 시정 연설 (2017. 11. 1)

문 대통령의 '사람중심'이란 용어는 일반적인 '인간존중'이나 '인간성 존중'의 뜻에 머물지 않는다.

문 대통령이 이 용어를 사용하는 본뜻이 잘 드러나는 경우는, '재벌·대기업 중심'이 아니라 '사람중심', '자본·이윤·효율 중심'이 아니라 '사람중심'이라고 말할 때이다.

'사람 중심'을 그렇게 내세우던 문 대통령이, 통계를 들어 K-

방역 성과를 자랑할 때는, 통제적 K-방역으로 인해 고통을 겪고 있는 구체적·개별적 사람의 고통에 대해 철저하게 눈을 감는 것을 뚜렷이 보아 왔다. 문 대통령이 말하는 '사람'은 관념적이고 추상적이면서 정략적 구분에 따라 집단화된 존재이지, 피와 살과 눈물을 가진 구체적이고 경험적인 개별적 인간 존재가 아님을 잊지 말아야 한다.

탈원전의 재앙-은폐와 침묵

탈원전 정책 추진의 재앙적 결과는 그것만으로도 책 몇 권이 써져야 할 큰 주제이다. 여기서는 문 대통령의 연설문에서 탈원전 정책을 정면으로 다룬 글을 찾기 어려웠다는 점을 우선 밝혀둔다.

정치적 연설에서는 명시적으로 말해지지 않은 것들 가운데 진짜 중요한 주제들이 은폐되어 있는 경우들이 흔히 있는데, 이 경우도 그런 예 중 하나로 여겨진다.

> 저는 대선 때 탈원전정책과 신고리5·6호기 건설 중단을 공약했습니다. 그러나 공기工期가 상당 부분 진척되어 건설 중단과 계속 의견이 팽팽하게 맞서는 상황이 되었기 때문에 공론조사를 거쳐 사회적 합의를 도출하고, 정부

는 그 결과에 따르기로 방침을 정했습니다.

수석·보좌관회의 (2017. 10. 10)

이곳 신안 앞바다에 들어설 해상풍력단지는 현존하는 세계 최대 해상풍력단지보다 무려 일곱 배나 큰 규모입니다. 여기서 생산되는 8.2GW의 전기는 한국형 신형 원전 여섯 기의 발전량에 해당하고, 서울과 인천의 모든 가정이 사용할 수 있는 엄청난 양입니다. 경제적 효과도 막대합니다. 2030년까지 48조 5,000억 원의 투자가 이루어지고, 12만 개의 일자리가 만들어집니다. 목포는 해상풍력 물류의 중심지가 되고, 영암과 신안에는 대규모 해상풍력설비 제조단지가 들어서게 됩니다.

세계 최대 해상풍력단지 48조 투자협약식 (2021. 2. 5)

탈원전 재앙만이 아니다, 부동산 정책의 실패, 민주당 인사들의 끊임 없는 성추문, 수없이 벌어진 의문사와 자살 등 문 대통령이 말하기 불편해 할 주제들 대부분은 연설에서 다루어지지 않았다.

문 대통령 연설문을 양적으로만 분석한다면, 이런 그늘들이 제대로 부각될 리 없을 것이다. 이 책이 택한 방법은 기본적으로 질적 분석이다. 등장하는 빈도보다 그 문구의 의의를 더 중시했다. 연설문에 끝내 한 번도 언급되지 못한 제재들 가운데 보석 같은 주제들이 은폐되어 있을 수 있다. 이런 주제를 발굴해 가는 것은 뒤에 남겨진 숙제이다. 그러나 양적 분석을 하지 않을래야 하지 않을 수 없도록 하는 제재가 있으니 바로 '촛불'이다.

촛불교(敎)

문 대통령의 연설문에서 가장 많이 사용되는 단어 중 하나는 '촛불'임에 틀림없다. '촛불'이 인용된 연설문을 분석해보면 아래 표와 같다. 사실 '촛불'이란 말은 문 정부 5년간 거의 종교처럼 다루어진 것이 아닐까 생각된다. 〈촛불교敎〉는 끝나지 않았다. '촛불'이란 절대선善의 신화는 현재도 생생히 살아있는 교의敎義적 상징이라 할 것이다.

문 대통령 연설문집 1권 상 (2017. 5. 10. ~ 2017. 10. 31.)

제목	단어	개수
국방부 순시 2017. 5. 17.	촛불혁명	1
제37주년 5·18민주화운동 기념식	촛불혁명	2
	촛불광장	1
	촛불은	1
제30주년 6·10민주항쟁 기념식	촛불은	2
	촛불혁명	2
	촛불시민	1

제목	단어	개수
CSIS* 전문가 초청 만찬 2017. 6. 30.	촛불혁명	5
워싱턴 동포 간담회	촛불을	1
	촛불혁명	2
방미 귀국 인사	촛불혁명	1
독일 동포 간담회	촛불을	1
	촛불혁명	2
국정과제 보고대회	촛불혁명	2
건강보험 보장 강화 관련 현장 방문	촛불로	1
	촛불을	1
제72주년 광복절 경축식	촛불혁명	1
	촛불을	1
	촛불로	2
	촛불은	1
취임 100일 기자회견	촛불광장	1
	촛불혁명	1
장준하 선생 서거 42주기 추모사	촛불혁명	1
문재인정부 출범 100일 기념 국민인수위원회대국민보고대회	촛불집회	1
	촛불을	1
뉴욕 동포 간담회	촛불집회	2
대서양협의회 세계시민상 수상	촛불을	1
	촛불혁명	5
	촛불정신	1
	촛불시민	1
뉴욕 금융·경제인과의 대화	촛불을	1
	촛불혁명	1
평화올림픽을 위한 메트로폴리탄 평창의 밤	촛불혁명	1
유엔총회 기조연설	촛불혁명	6
	촛불이	3
	촛불처럼	1
제1차 반부패정책협의회	촛불혁명	1
10·4남북정상선언 10주년 기념식	촛불혁명	1

제목	단어	개수
	촛불을	1
제11회 세계한인의 날 기념식 및 2017 세계한인회장대회 개회식	촛불을	1
제72주년 경찰의 날 기념식	촛불집회	2
	촛불시민	3
제2회 전국 시·도지사 간담회	촛불혁명	1
촛불집회 1주년 SNS 메시지	촛불집회	1
	촛불의	1
	촛불은	3
문재인정부 국가비전	촛불민주주의	1
	촛불집회	1
		77

촛불혁명	36
촛불광장	2
촛불은	7
촛불시민	5
촛불을	10
촛불로	3
촛불집회	7
촛불정신	1
촛불이	3
촛불처럼	1
촛불의	1
촛불민주주의 실현	1
합 계	**77**

문 대통령 연설문집 1권 하 (2017. 11. 1. ~ 2018. 5. 9.)

제목	단어	개수
2018년도 예산안 관련 국회 시정 연설	촛불집회	1
	촛불혁명	1
인도네시아 동포 간담회	촛불혁명	1
필리핀 동포 간담회	촛불을	1
종교지도자 간담회	촛불혁명	3
2017년도 재외공관장 만찬 간담회	촛불혁명	1
2018 무술년 신년 인사회	촛불혁명	2
2018 시민사회단체 신년 하례회 영상 축사	촛불이	2
	촛불의	1
	촛불민심	2
일본군 위안부 생존자 초청 오찬 간담회	촛불집회	1
2018 신년 기자회견	촛불광장	1
	촛불을	4
	촛불이	3
	촛불정신	1
제13회 미주 한인의 날 서면 축사	촛불로	1
문익환 목사 24주기 추도사	촛불이	1
	촛불혁명	1
평창동계올림픽 계기 진천국가대표선수촌 방문 및 오찬 간담회	촛불을	1
한국노동조합총연맹 지도부 초청 간담회	촛불을	1
평창동계올림픽 개회식 사전 리셉션	촛불을	2
평창동계올림픽 개회식 프로그램북 인사말	촛불혁명	1
정책기획위원회 오찬 간담회	촛불로	1
평창동계올림픽 폐회식 프로그램북 인사말	촛불을	1
제58주년 2·28민주운동 기념식	촛불혁명	2
제99주년 3·1절 기념식	촛불이	3
제50회 국가조찬기도회	촛불이	1
제34회 한국여성대회 서면 축사	촛불시민	1

제1회 정부혁신전략회의	촛불정신	1
국민개헌안 발표 SNS 메시지	촛불광장	1
제4회 대한민국 공무원상 시상식 및 오찬	촛불광장	1
세월호 4주기 메시지	촛불도	1
제2차 반부패정책협의회	촛불정신	1
		47

촛불집회	2
촛불혁명	12
촛불을	10
촛불이	10
촛불의	1
촛불민심	2
촛불광장	3
촛불정신	3
촛불로	2
촛불시민	1
촛불도	1
합 계	**47**

문 대통령 연설문집 2권 상 (2018. 5. 10. ~ 2018. 10. 31.)

제목	단어	개수
제38주년 5·18민주화운동 메시지	촛불광장	1
개헌 무산 관련 메시지	촛불민심	1
제31주년 6·10민주항쟁 기념식 축사	촛불혁명	2
3·1운동 및 대한민국임시정부 수립 100주년 기념사업추진위원회 출범식	촛불혁명	1
인도 동포 만찬 간담회	촛불혁명	1
한·인도 정상 공동 언론 발표	촛불혁명	1
제73주년 광복절 및 정부수립 70주년 경축식	촛불혁명	2
더불어민주당 전당대회 축사	촛불혁명	1
헌법재판소 창립 30주년 기념식	촛불혁명	1
대한민국 사법부 제70주년 기념식	촛불이	1
	촛불정신	1
프랑스 동포 만찬 간담회	촛불혁명	1
	촛불	1
파리 시청 리셉션	촛불	1
한불 비즈니스 리더스 서밋	촛불혁명	1
한반도 평화를 위한 특별미사(바티칸 연설)	촛불을	1
	촛불혁명	1
녹색성장과 2030 글로벌 목표를 위한 연대(P4G) 정상회의 기조연설	촛불혁명	1
제73주년 경찰의 날 기념식	촛불혁명	1
		21

촛불혁명	14
촛불광장	1
촛불민심	1
촛불이	1

촛불정신	1
촛불	2
촛불을	1
합 계	**21**

문 대통령 연설문집 2권 하 (2018. 11. 1. ~ 2019. 5. 30.)

제목	단어	개수
2018 인권의 날 기념식	촛불의	1
2019 기해년 새해 메시지	촛불의	1
2019 기해년 신년회	촛불은	1
2019 신년 기자회견	촛불로	1
	촛불을	1
광주형 일자리 투자협약식	촛불이	1
제100주년 3·1절 기념식	촛불혁명	1
3·1운동 및 대한민국임시정부 수립 100주년 기념 국제학술포럼 축전	촛불혁명	1
	촛불을	1
시민사회단체 초청 간담회	촛불의	1
	촛불혁명	1
확대 국가관광전략회의	촛불혁명	1
제63회 신문의 날 기념식	촛불혁명	1
유림독립항쟁 파리장서 100주년 축전	촛불을	1
프랑크푸르터 알게마이네 차이퉁(FAZ) 기고문 평범함의 위대함 – 새로운 세계질서를 생각하며	촛불혁명	8
	촛불이	1
	촛불을	1
		24

촛불혁명	13
촛불의	3
촛불은	1
촛불로	1
촛불을	4
촛불이	2
합 계	**24**

문 대통령 연설문집 3권 상 (2019. 6. 1. ~ 2019. 10. 31.)

제목	단어	개수
세계 기록의 날 축사	촛불혁명	1
	촛불에	1
제32주년 6·10민주항쟁 기념식 축사	촛불혁명	2
오슬로포럼 연설	촛불을	1
제4차 반부패정책협의회	촛불은	1
	촛불을	1
전남 블루 이코노미 경제비전 선포식	촛불혁명	1
세계변호사협회(IBA) 2019 서울총회 축사	촛불혁명	1
	촛불로	1
제40주년 부마민주항쟁 기념식	촛불혁명	1
	촛불민주주의	1
		12

촛불혁명	6
촛불을	2
촛불에	1

촛불은	1
촛불로	1
촛불민주주의	1
합 계	**12**

문 대통령 연설문집 3권 하 (2019. 11. 1. ~ 2020. 5. 31.)

제목	단어	개수
대한민국 미래 100년 전망 국제학술포럼 축전	촛불로	1
	촛불혁명	1
2020 신년사	촛불을	1
	촛불만큼	1
문화예술인 신년인사회	촛불혁명	1
제60주년 4·19혁명 기념식	촛불혁명	1
		6

촛불혁명	3
촛불만큼	1
촛불을	1
촛불로	1
합 계	**6**

문 대통령 연설문집 4권 상 (2020. 6. 1. ~ 2020. 10. 31.)

제목	단어	개수
제40주년 5·18민주화운동 기념식	촛불혁명	1
제33주년 6·10민주항쟁 기념식	촛불을	1
제75주년 광복절 경축식	촛불을	1

제1회 청년의 날 기념식	촛불혁명	1
제41주년 부마민주항쟁 기념 메시지	촛불혁명	1
		5

촛불혁명	3
촛불을	2
	5

문 대통령 연설문집 4권 하 (2020. 11. 1. ~ 2021. 5. 31.)

제목	단어	개수
2021 신년인사회	촛불이	1

문 대통령 연설문집 5권 상 (2021. 6. 1. ~ 2021. 10. 31.)

제목	단어	개수
제41주년 5·18민주화운동 메시지	촛불을	1
헌법기관장 초청 오찬 간담회	촛불집회	1
		2

문 대통령 연설문집 5권 하 (2021. 11. 1. ~ 2022. 5. 9.)

제목	단어	개수
제41주년 5·18민주화운동 메시지	촛불을	1
헌법기관장 초청 오찬 간담회	촛불집회	1
제76주년 광복절 경축식	촛불혁명	1
합 계		**3**

문 대통령 연설문집 별권 1권 (2017. 5. 10. ~ 2018. 5. 9.)

제목	단어	개수
수석·보좌관회의	촛불정신	1
제3회 국무회의	촛불혁명	1
수석·보좌관회의	촛불을	1
수석·보좌관회의	촛불집회	1
	촛불혁명	1
제20회 국무회의	촛불	1
		6

촛불혁명	2
촛불정신	1
촛불을	1
촛불집회	1
촛불을	1
합 계	**6**

문 대통령 연설문집 별권 2권 (2018. 5. 10. ~ 2019. 5. 9.)

제목	단어	개수
제29회 국무회의	촛불에	1
제35회 국무회의	촛불시위	1
수석·보좌관회의 2018. 12. 31.	촛불민심	1
수석·보좌관회의 2019. 1. 14.	촛불민심	1
제8회 국무회의	촛불혁명	1
제14회 국무회의	촛불혁명	1
		6

촛불민심	2
촛불혁명	2
촛불시위	1
촛불에	1
합 계	**6**

문 대통령 연설문집 별권 3권 (2019. 5. 10. ~ 2020. 5. 9.)

제목	단어	개수
수석·보좌관회의 2019. 5. 13.	촛불혁명	1
	촛불	1
수석·보좌관회의 2019. 12. 30.	촛불정신	1
		3

촛불혁명	1
촛불	1
촛불정신	1
합 계	**3**

문 대통령 연설문집 별권 4권 (2020. 5. 10. ~ 2021. 5. 9.)

제목	단어	개수
수석·보좌관회의 2020. 12. 7.	촛불혁명	1
수석·보좌관회의 2021. 3. 15.	촛불정신	1
제11회 국무회의 2021. 3. 16.	촛불혁명	1
		3

촛불혁명	2
촛불정신	1
	3

문재인 촛불 관련 단어 (1권 상 ~ 5권 하 & 별권1 ~ 별권4)

제목	단어	개수
1	촛불혁명	95
2	촛불을	34
3	촛불이	17
4	촛불집회	12
5	촛불은	9
6	촛불로	8
7	촛불정신	6
8	촛불시민	6
9	촛불광장	6
10	촛불의	5
11	촛불민심	5
12	촛불	3
13	촛불정신	2
14	촛불처럼	1
15	촛불에	1
16	촛불민주주의	2
17	촛불만큼	1
18	촛불도	1
19	촛불시위	1
	합 계	**215**

원한(怨恨, resentment)의 도덕

문 대통령의 연설을 보면 뫼비우스의 띠처럼, 이념의 정치를 비판한다면서 늘 자신도 이데올로기적인 차원을 벗어나지 못함을 확인할 수 있다.

> 이념에 이용되지 않고
>
> (중략) 빼앗긴 나라를 되찾는 데 좌우가 없었고,
>
> (중략) 전쟁의 후유증을 치유하기보다 전쟁의 경험을 통치의 수단으로 삼았던 이념의 정치, 편가르기 정치
>
> 제62회 현충일 추념식 (2017. 6. 6)

문 대통령이 말한 "빼앗긴 나라"는 대한제국을 가리킨다고 볼 수밖에 없다. 문 대통령에게는 대한제국과 대한민국이 같은 나라로 여겨지는 것인가. 문 대통령 정도의 경력을 가진 이가

애국愛國과 애족愛族을 혼동한다면, 이는 의도적인 혼동이 아닐까?

문 대통령과 그 지지자들이 〈도덕적 우월의식〉을 무척 소중하게 생각한다는 점은 잘 알려져 있다. 2019. 8. 5. 수석·보좌관회의에서는 아예 "도덕적 우위를 바탕으로"라는 표현을 쓰고 있다.

문 대통령의 도덕의식은 '원한(resentment)의 도덕'이라 불릴 만하다. 문 대통령은 "국가를 위해 헌신하면 보상받고 반역자는 심판받는다는" 예를 세워야 한다면서, "애국이 보상받고, 정의가 보상받고, 원칙이 보상받고, 정직이 보상받는 나라" "개인과 기업의 성공이 동시에 애국의 길이 되는 정정당당한 나라"를 지향해야 한다고 역설한다.

위와 같은 말은 문 대통령이 평소에 대한민국의 역사가 "국가를 위해 헌신하면 보상받고 반역자는 심판받는" 것과 반대 양상으로 전개되어 왔다고 보는 뿌리깊은 편향을 드러내고 있다.

이런 면에서 문 대통령의 도덕의식은 '자존감과 비전', '타인에 대한 상대의식이 아닌 이성의 명령' 등에 바탕하는 긍정형 도덕이 아니라, '원한 또는 박탈의 감정'과 '상대적 우월감'에 바탕한 도덕의식이라 불릴 만하다.

'조국사태·광화문 집회'에 대한 반응

"정부가 출범한 지 어느새 절반의 시간이 지났습니다."[수석·보좌관회의 (2019. 11. 11.)]라고 문 대통령이 회고할 무렵 발발한 조국 법무부 장관 사태 이전과 이후, 문 대통령의 발언을 비교해 보는 것도 의미가 있을 법하다.

> 반칙과 특권 등은 용납하지 않는, 그래서 정의가 바로 서는 세상을 만들고, 누구나 법 앞에 평등한 사회를 만드는 것이 지금 검찰이 갖고 있는 또 하나의 시대적 사명
> (중략) 사람에 충성하지 않는 자세
> (중략) 살아 있는 권력에 대해서도 똑같은 자세가 되어야 한다
> (중략) 권력형 비리가 있다면 그 점에 대해서는 정말 엄정한 자세로 임해 주시기 바랍니다.

(중략) 권력형 비리라고 할 만한 일들이 생겨나지 않았습니다.

신임 검찰총장 임명장 수여식 (2019. 7. 25)

최근 표출된 국민의 다양한 목소리를 엄중한 마음으로 들었습니다. 정치적 사안에 대해 국민의 의견이 나뉘는 것은 있을 수 있는 일이며, 이를 국론분열이라고 생각하지 않습니다. 특히 대의정치가 충분히 민의를 반영하지 못한다고 생각할 때 국민께서 직접 정치적 의사표시를 하는 것은 대의민주주의를 보완하는 직접민주주의의 행위로서 긍정적인 측면도 있다고 봅니다. 그런 측면에서 자신의 소중한 시간과 비용을 들여 직접 목소리를 내주신 국민께 감사드립니다. 다만 정치적 의견 차이가 활발한 토론 차원을 넘어서서 깊은 대립의 골로 빠져들거나 모든 정치가 그에 매몰되는 것은 결코 바람직하지 않을 것입니다. 많은 국민께서 의견을 표현하셨고 온 사회가 경청하는 시간도 가진 만큼 이제 문제를 절차에 따라 해결해 나갈 수 있도록 지혜를 모아 주시기 바랍니다.

수석·보좌관회의 (2019. 10. 7)

문 대통령이 '촛불교'의 차원으로까지 들어 올린 촛불집회의 본질 또한 직접민주주의 행위 이하도 그 이상도 아닐 것이다. 그런데, 문 대통령은 과거 자신이 참여했던 촛불집회의 최대 참가자 숫자 이상으로 모인 '조국퇴진' 광화문 집회에 대해서는 "정치적 의견 차이가 활발한 토론 차원을 넘어서서 깊은 대립의 골로 빠져들거나 모든 정치가 그에 매몰되는 것은 결코 바람직하지 않을 것"이라고 말한다.

이는 문 대통령을 비판하는 쪽에서 자주 거론하는 문 대통령의 전형적인 방식이다. 문 대통령은 자신의 입장 설정에 따라 과거 발언과의 논리적 일관성을 전혀 신경쓰지 않고 완전히 무시하는 경향이 있다. 아마도 논리일관성에 대한 배려가 초래하는 '감정, 노력, 전력' 소모를 피하기 위한 의도적 무시, 전략적 무시로 시작되었을 태도 같은데, 대통령의 언행이 되고 보면 '권력적 무시', '힘의 논리'(힘이면 장땡)라는 괴물로 변하지 않을 수 없다.

문 정권 하에서 조국 전 법무부장관, 윤미향 의원을 비롯한 친정권 인사들의 위선적인 행태는 너무나 많이 벌어져 급기야

"내로남불(naeronambul)"이 영어사전에 등재되는 웃픈 일까지 벌어지게 되었다.

법 따로 정치 따로

문 대통령은 사법고시 출신 변호사이고, 연수원 성적도 우수했던 것으로 알려져 있다. 그런데, 정치 언어만 주로 공개되어서인지는 정확히 알 수 없으나, 문 대통령이 전달하는 말의 틀이 법률적인 경우를 찾기가 쉽지 않다. '적폐청산', '국정농단'이란 말부터가 대표적으로 비법률적인, 법치파괴적인 소지가 농후한 말이었다.

아래에서 보는 '갑질'이란 표현 또한 그러한 예다. 현역 육군대장을 해임시킨 사건인데, 법률적으로는 도저히 성립될 수 없는 일이었다. '갑질'에 '뇌물'까지 얽어 인신 구속까지 되었던 박찬주 대장은 결국 모든 혐의가 무죄로 확정되어 누명을 벗었다.

공관병公館兵에 대한 갑질 사건은 많은 국민께 충격과 실망을 주었습니다. 국군 최고통수권자로서 매우 유감스럽게 생각합니다. 이번 기회에 군 내 갑질 문화를 뿌리 뽑아야 할 것입니다. 나라를 지키러 간 청년들이 농사병, 과외병, 테니스병, 골프병 같은 모욕적인 명칭을 들으며 개인 사병 노릇한다는 자조自嘲가 더 이상 나오지 않도록 근본적인 재발방지대책을 마련해야 합니다. 국방부가 시행하는 전수조사는 문제 해결을 위한 시작일 뿐입니다. 일부 문제 인사를 징계하는 수준의 미봉에 그쳐서는 안 될 것입니다. 정확한 실태 조사와 분명한 제도 개선으로 이어질 수 있도록 함께 노력해 주시기 바랍니다.

비단 군만의 문제가 아니라고 봅니다. 전 부처 차원에서 갑질 문화를 점검할 필요가 있습니다. 우선 해외 공관을 포함해서 공관을 보유하고 있는 모든 부처에 대한 점검이 필요하다고 봅니다. 경찰 고위 간부들이 의경을 운전기사로 부리는 등의 갑질 의혹에 대해서도 점검하고 개선해야 할 것입니다. 차제에 군과 공직 사회의 갑질 문화를 근절하는 근본대책을 마련하기 바랍니다.

수석·보좌관회의 (2017. 8. 7)

문 대통령 시기 김명수 대법원장 아래에서 우리 대법원은 삼권분립의 한 축으로 문 정권의 폭주를 견제하기는커녕 '사법농단'이란 비법률적 단죄 아래 '사법부 독립'의 생명이 거의 끊어질 뻔한 나락으로 접근해 갔다.

몇 가지의 예만 들더라도 우선 문 대통령은 공소시효가 만료된 장자연, 김학의 전 법무차관 사건과 관련하여 언론에 실명을 거론하면서, "오래된 사건인 만큼 공소시효가 끝난 부분도 있을 수 있고, 아닌 부분도 있을 수 있다"며 "공소시효가 끝난 일은 그대로 사실 여부를 가리고, 공소시효가 남은 범죄 행위가 있다면 반드시 엄정한 사법처리를 해 주기 바란다"고 단도직입적으로 지시했다. 이런 언행이 권력분립, 사법독립, 법치행정, 무죄추정 적법절차등 헌법 원칙의 위반이며, 준사법기관인 검찰에 영향을 미쳐 무리한 수사로 이어질 것이라는 점은 문 대통령의 의식에 떠오르지 않는 듯했다.

집권 여당인 민주당 의원들 또한 법원에 대한 겁박을 일삼았다. 민주당은 2021년 2월 임성근 부산고법 부장판사에 대하여 헌정사 초유의 일반 법관 탄핵을 추진했고, 김명수 대법원장은 임 부장판사의 사표 수리를 반려하며 민주당의 부당 탄핵에 공조했다.

민주당이 내놓은 임 부장판사에 대한 탄핵 이유는 납득하기 어려운 것이었다. 일본 기자가 박근혜 전 대통령 '세월호 7시간 의혹' 칼럼을 썼다가 명예훼손으로 재판에 넘겨졌는데 당시 임 부장판사가 후배인 재판장에게 일본 기자의 칼럼 내용이 사실 무근임을 판결문에 포함해 달라는 식으로 관여했다는 것이다.

임 부장판사는 이 일로 재판에 넘겨졌다. 하지만 1심 법원은 임 부장판사가 판결문 작성에 개입한 것은 사실이지만 직권남용은 아니라며 무죄를 선고했다. 법률 위반이 아니라는 것이다. 민주당은 '법률 위반'으로 안 되자 임 부장판사가 법관 독립을 침해해 헌법을 위반했다면서 탄핵까지 추진했다.

판결문엔 임 부장판사의 행위가 '위헌적 행위'라고 표현돼 있기는 하다. 하지만 판결문에는 "(임 부장판사 행위는) 권유나 조언 정도에 불과하여 재판권 침해가 없었다"고 명시돼 있다. 판결문 전체를 읽어보면 법관 독립 침해까지는 아니었다는 것이다 (이상 조선일보 2021. 1. 30.자 사설 참조).

민주당은 월성 원전 1호기 경제성 조작 의혹 사건과 관련하여, 산업통상자원부 공무원 2명이 구속되자 검찰·법원을 공격하고 나섰다. 월성 1호기 검찰 수사가 시작된 것은 감사원 감사에서 산업부와 한국수력원자력이 월성 1호기 경제성 평가를 조작하는 등 불법 혐의가 드러났기 때문이었다. 산업부 공무원들이 감사원 감사를 받기 직전 월성 원전 관련 자료 444개를 삭제한 것까지 드러났다. 수사를 통해 불법 혐의를 확인하여 영장을 청구한 검찰, 사유가 되어 영장을 발부한 법원을 민주당은 싸잡아 공격한 것이다. 문 정권 아래에서 인신 구속을 둘러싸고 정치편향, 권력편향이라는 시비가 끊이지 않았다. 그런데, 그 수많은 구속영장 발부 중 단 하나가 현 정권에 불리하다고 여겨지자 곧바로 검찰과 법원을 표적수사, 권한남용이라며 압박했던 것이다(이상 매일신문, 2020. 12. 8.자 기사문 참조).

문 정권 5년 - 4단계의 시기 구분

문 대통령의 5년은 크게 4개의 시기로 구분될 수 있다. 첫째는 말끝마다 적폐청산, 촛불혁명을 거론하며 직전 두 정권 모두를 초토화시키고 평창올림픽에 이르기까지 대북화해 모드를 준비했던 시기였고, 둘째는 하노이회담 결렬에 이르기까지 인류사의 새 장을 열듯이 흥분했던 문 정권 최고조의 시기였다. 셋째는 '조국 사태·광화문 집회'를 거치며 4·15총선에 이르기까지 문 정권이 상당히 위축되고 공격을 받던 시기였다. 넷째는 문 정권이 4·15총선에서 의문의 압승을 거둔 후 코로나 방역을 도구로 유사독재를 펼쳐 거의 정권연장을 이루는 듯하다가 간신히 정권교체가 이루어질 때까지 국민들이 질식할 것처럼 숨막혀 하던 때였다.

1. 문 정권 1기: 취임(2017. 5.) ~ 평창동계올림픽(2018. 2.)

2. 문 정권 2기: 평창동계올림픽(2018. 2.) ~ 하노이회담 결렬(2019. 2.)

3. 문 정권 3기: 하노이회담 결렬(2019. 2.) ~ 조국사태·광화문 집회(2019. 10.) ~ 4·15총선(2020. 4.)

4. 문 정권 4기: 4·15총선(2020. 4.) ~ 검수완박·퇴임(2022. 5.)

천신만고 끝에 '정권교체·정권연장저지'라는 국민저항의 결과물을 성취하였다. 그러나, 문 정권의 실체를 바로 알지 못하고 피상적인 비판에 그친다면, 제2, 제3의 문 정권은 계속 출현할 수 있다.

이 책은 그런 위기감에서, 문 정권이 공식적으로 발표한 연설문을 통해 그들의 말로써 그들의 본질과 실체를 규명해 보고자 한 시도이다.

문 정권의 출현과 존속, 그 활동이 보여 준 우리 사회의 헌법적 균열은 심대하다 못해 절박감과 두려움마저 불러일으킨다. 이런 균열이 과연 평화적으로 헌법 질서 내에서 잘 극복될 수 있을 것인가?

우리 사회의 진지한 노력이 절실히 요구되는 국면이 아닐 수 없다. '어디로 가는 것이 앞으로 가는 것인지'를 근본적으로 정초한 것이 헌법 제정, 국가 건립의 결정적 순간이라 하겠다. 앞으로 가는 가운데 때로 오른쪽으로 때로 왼쪽으로 가는 것을 두고 서로 의견을 다투며 공론이 사안마다 달라질 수 있다. 그러나 누군가에게는 앞으로 가는 것이 누군가에게는 뒤로 가는 것이라 여겨지고 있다면, 이는 하나의 국가, 하나의 헌법공동체라 할 수 없다.

이 문제는 우리 사회가 정면으로 마주서기 두려워하는 주제이다. 그러나 지연시킨다고 상황이 좋아지지 않는다. 오히려 문 정권보다 더한 반동으로 '문 정권 버전2'가 출현할 수 있다. 그래서 문 정권의 공식적인 언설을 두고 치열하게 반성적인 논쟁을 전개할 필요가 있다. 그 과정 가운데에서 건국 이래 지속되어 온, 잠재된 헌법적 균열 문제를 해소하고 더 고차적인 국민통합과 헌법적 융합으로 도약해야 할 것이다.

"(로마의) 좋은 법률은 대부분의 사람들이 잘못 알아 비난하고 있는 그 내분內分에서 유래되고 있(다)"고 마키아벨리는 말한다. 내분이 문제가 아니라 내분을 좋은 법률과 제도, 훌륭한 결과물로 승화시키지 못하는 것이 문제의 핵심이다.

대한민국이 거대한 균열을 딛고 팍스 코리아나(Pax Koreana)를 향해 힘찬 진군을 계속해 가기를 간절히 소망한다.

부 록

고발취지

고발인은 피고발인을 여적죄로 고발하오니 대한민국 법에 따라 엄정히 심판하여 주시기 바랍니다.

고발이유

1. 적용법조

대한민국 형법 제102조는 대한민국에 적대하는 외국 또는 외국인의 단체를 적국으로 간주하고 있다.

북한 김정은 체제는 1953년 정전협정 이래 천안함 폭침, 연평해전에서 보듯 교전이 종결되지 않은 상태에서 대남적화 노선을 포기하지 않고 있는 적국이다.

적국과 합세하여 대한민국에 항적하는 것은 형법 제93조의 여적죄에 해당한다.

항적이란 대한민국에 대항하여 적대행위를 하는 것이다.

2. 범죄사실

피고발인은 대한민국 대통령의 지위에서 2018. 9. 19. 국방부장관 송영무로 하여금 〈판문점선언 이행을 위한 군사분야 합의문〉에 서명케 했다.

위 군사분야 합의문에 따르면 피고발인은 기존 NLL을 무시하고 서해 완충수역을 규정하였으며, 그 직선거리는 북 50km, 남 85km이다. 직선거리로도 35km 차이나지만, 기존 영해 면적을 비교해보면 육안으로도 약 세 배 이상 우리측 해역 범위가 넓음을 확인할 수 있다.

다시 말해 피고발인은 기존 영해 경계선인 NLL을 포기하고, 세 배 이상 큰 넓이의 해역을 적국에 완충수역으로 제공한 것이다.

6·25 전쟁 당시 중공군 개입과 1·4 후퇴, 서울 재수복 후 중부 전선 교착상태에서 대한민국 국군과 유엔군은 고지 하나를 사수하고 탈환하기 위해 수천 수만 명의 고귀한 인명을 희생했다.

피고발인은 무슨 자격으로 수십만 명이 죽음으로 지키고, 70년 세월의 땀과 눈물로 버텨 온 우리 국가의 강역과 주권을 마음대로 적국에게 내어 주었는가.

대한민국 헌법과 국민은 피고발인에게 그러한 권한을 부여한 적이 없다.

피고발인의 행위는 대한민국 헌법과 국민의 의사를 무시하고 적국에 주권을 팔고, 강역을 갖다 바친 최악의 반역행위로 적국과 합세하여 대한민국에 항적하는 여적죄에 해당한다.

3. 결어

대한민국은 법치국가로, 법치국가에서는 그 누구도 법 위에 있지 않다. 피고발인의 행위는 헌법 제66조 제2항에 명시된 대통령의 영토보전 의무와 헌법 제69조에 명시된 국가보위 의무를 파괴한 것으로 통치행위라는 말로 용납될 수 없다.

헌법 제84조에 따라 재직 중의 대통령에게도 여적죄와 같은 외환의 죄는 형사소추의 대상이 된다.

이에 대한민국 국민의 일원인 고발인 일동은 피고발인이 국방부장관 송영무로 하여금 〈판문점선언 이행을 위한 군사분야 합의문〉에 서명케 한 행위를 여적죄로 판단하며, 그에 대하여 대한민국 법에 따른 엄정한 심판을 구하는 바이다.

답 변 서

사　　　　건　　2021두39850 해임처분취소
원　고(피상고인)　　강규형
피　고(상 고 인)　　대통령

위 사건에 관하여 원고(피상고인, 이하 '원고'라 약합니다)의 소송대리인은 다음과 같이 답변서를 제출합니다.

상고취지에 대한 답변

1. 피고(상고인)의 상고를 기각한다.
2. 소송비용은 피고(상고인)가 부담한다.

라는 판결을 구합니다.

상고이유에 대한 답변

1. 본 서면의 개요

본 서면은 피고(상고인, 이하 '피고'라 약합니다)의 상고이유 각각에 대해 먼저 피고의 주장을 살펴본 뒤 그에 대해 원고의 반론을 전개하는 방식으로 구성되어 있습니다.

피고는 처분사유 중 '조롱 논란' 및 '폭행 입건'에 관해 원심이 채증법칙 위반, 심리미진 등의 잘못이 있다고 하며, '재량권 일탈·남용'에 관해서도 법리 오해

등의 잘못이 있다고 주장합니다.

원고는 원심의 판단이 정당하다는 입장입니다. 이하 상세한 사항을 말씀드리도록 하겠습니다.

2. 상고이유 제1점에 관하여

가. 피고의 주장

피고는 이 사건 처분사유 중 2. 나.[1] ① 사유(사퇴 요구 시위대에 대한 조롱 논란)에 대해 원심이 그 사유 내용을 오인하였다고 합니다.

처분사유에는 "사퇴 요구 시위대에 대한 조롱 논란"으로 되어 있는데, 원심은 위 처분사유를 '시위대에 대한 조롱'으로 잘못 전제한 뒤 위 처분사유를 인정하기 부족하다고 하였으니, 원심 판단에는 채증법칙 위반 및 심리미진의 잘못이 존재한다는 것입니다.

다시 말씀드리자면, 피고는 '조롱'과 '조롱 논란'을 구분하고, '조롱 논란'은 원고의 행동을 조롱으로 보도한 복수의 언론 보도로 이미 사실이 확정된 것이라고 주장합니다. 그런데 피고에 따르면 원심은 '조롱 논란'이 아닌 '조롱'이 있었는지를 판단하여 잘못 판단한 것이라고 합니다. 나아가 피고는 사실 '조롱도 있었다'고 강조합니다.

나. 원고의 반론

---

1) 피고는 "2의 가 사유"라고 적고 있는데, 이는 이 사건 제1심 판결문 제3쪽에서 이 사건 처분사유를 재정리한 항목에 따른 것입니다. 혼동을 피하기 위해 을 제1호증(제51차 방송통신위원회 전체회의 심의·의결 안건)을 기준으로, "2. 나. ①항 사유"로 정정함이 더 타당할 것이라고 생각합니다.

1) 피고가 '조롱이 있었다'고 주장하는 것은 사실 판단에 대한 것으로 상고 이유로 들 수 없는 내용입니다.

피고는 '사실 조롱도 있었다'고 주장합니다. 그러나 이는 1심과 2심의 공통된 사실 판단 모두를 독단적으로 부정하는 입장입니다. 이 사건 1심 판결문은 제11쪽 하단에서 "원고가 2017. 9. 19. 사퇴 촉구 시위를 하는 조합원과 대화를 나누거나 미소를 짓고, 조합원 옆에서 손가락으로 'V' 표시를 하였지만, 그 조합원 또한 원고와 대화하고 같이 미소를 짓는 등 응대하였다. 달리 당사자인 조합원이 원고의 행동에 불쾌함 등을 표시하거나 항의를 하는 등의 자료는 보이지 않는다. 위 인정 사실만으로는 원고가 다른 사람을 조롱하였다고 인정하기 부족하고, 달리 이를 인정할 증거가 없으므로, 이 부분 처분사유는 인정되지 않는다."고 기재하고 있습니다.

피고는 위 1심의 판단에 불복하여 제출한 항소이유서 제15쪽에서 "그러나 당시 한국방송공사 노조를 중심으로 계속적으로 이전 한국방송공사의 문제점 및 원고의 사퇴 등을 주장하며 시위가 계속되고 있는 등으로 대치하던 상황에서, 원고가 시위자들을 놀리듯이 자신이 경찰처럼 증거를 수집하는 모습의 행동을 취하는 것은 시위자들을 한순간 황당함에 웃게 만들 수도 있겠으나 그 본질은 모욕과 조롱에 가까운 것이며, 위 노조의 반응 역시 전단지 등을 통하여 조롱행위로 표현하고 있는 바"라고 쓰며 '조롱'의 존재를 거듭 주장하였습니다.

그러나, 원심은 피고의 위 주장을 인정하지 않고, "원고가 사퇴를 촉구하는 시위자를 조롱하였다는 이 사건 처분사유 중 ②의 ㉮사유는 이를 인정할 증거가 부족하다. 특히 피고는 원고가 제출한 갑 제20호증(전단지)의 기재에 의하면 위 사유를 인정할 수 있다고 주장하나, 갑 제20호증은 원고의 사퇴를 촉구하였던 시위자 측에서 만든 문건으로 보이는 사정, 원고가 취한 언동에 욕설이나 모욕적 행동은 없었던 사정, 원고가 시위자 주변에서 손가락으로 V자 표시를 하고 사진을 찍은 행동을 객관적으로 시위자에 대한 경멸적 감정의 표현이라고 보기는 어려운 사정 등을 종합하면, 이 사건 처분사유 중 ②의 ㉮사유를 인정하기 부족하다. 이에 반하는 피고의 위 주장은 이유 없다."고 쓰고 있습니다. {갑 제64호증(동영상)에서 보실 수 있듯이 조롱은 오히려 피고 측 언론노조가 원고에 대해 일상적이고 공개적으로 반복했던 행위입니다.}

따라서 법률심인 당심에서 피고가 '사실 조롱이 있었다'고 주장하는 것은 1심과 원심의 공통된 사실 판단 모두를 독단적으로 부정하는 입장으로, 상고이유로 고려될 수 없는 내용이라 하겠습니다.

2) 조롱이 없었는데도 원고의 행동을 조롱으로 허위 보도한 복수의 언론이 있기 때문에 '조롱 논란'이 존재하는 것으로 취급되어야 하고 심지어 독자적인 처분사유로까지 된다는 주장은 극히 부당합니다.

'조롱이 있었다'고 주장할 수 없음에도, 피고와 같이 '조롱 논란'을 '조롱' 자체와 구분되는 독자적인 처분사유로 강조하면 극히 부당한 결론에 이르게 됩니다.

조롱이 있었다고 볼 수 없음에도 원고의 행동을 조롱으로 보도한 것은 진실한 보도가 아니라 허위 내지 왜곡 보도에 해당할 것입니다. 실제로 피고가 인용 첨부한 기사들을 보면 "이런 가운데 전국언론노조 KBS 본부는 KBS 강규형 이사가 최근 조합원들을 무시하고 조롱하는 행동을 보였다고 비판했습니다. 강 이사가 본인의 사퇴를 촉구하는 1인 시위를 벌이는 조합원에게 다가가 어깨동무를 하고 손가락으로 V를 그리며 반말을 했다는 겁니다."와 같이 보도하거나, {강규형 KBS 이사가 1인 시위 조합원 옆에서 '브이 포즈'를 해 논란이 되고 있다. 강규형 KBS 이사는 자신의 퇴진을 요구하는 1인 시위 중인 조합원 옆에서 손가락으로 '브이(V)'를 그린 채 사진을 찍었다. 이에 KBS 새노소는 19일

SNS를 통해 "강규형 KBS 이사가 우리 조합원에게 기행을 보이며, 조롱의 한 마디를 던지고 갔습니다"라며 당시 상황을 전했다.}와 같이 보도하고 있습니다(상고이유서 첨부 각 언론보도 자료 참조).

이처럼 허위 내지 왜곡 보도를 한 언론이 단수가 아니라 복수로 존재한다고 해서 '조롱' 유무를 떠나 일단 '조롱 논란'이 존재하는 것으로 취급하고, 심지어 이런 논란이 국민의 신뢰 저하를 초래하므로 독자적인 처분사유로까지 된다는 피고의 주장은 극히 부당합니다. 이런 논리 전개라면 수 개 언론사의 홈페이지에 '논란'이라는 제목을 달고 공통된 왜곡 기사가 올라오면 어떤 KBS 이사에게도 형식적으로는 해임처분 사유가 성립된다는 말이 될 것입니다.

그러기에 '조롱이 있었는지'의 진실에 관계 없이 '조롱 논란이 있었다'는 해석만으로 독자적인 해임처분 사유가 성립될 수 있다는 피고의 주장은 극히 부당합니다.

3) 원심은 '조롱 논란'이 해임처분 사유로서 정당하냐는 것을 판단하지 않은 것이 아니라, 이 판단을 위해서도 '조롱이 실제로 있었는지'를 잘 판단해야 한다는 입장을 지니고 정당한 판결을 내린 것입니다.

피고의 주장처럼 '조롱 유무'를 판단함 없이 '조롱 논란'으로 해임처분 사유을 판정함은 극히 부당합니다. 따라서, '조롱 논란'이 해임처분 사유로 가능하려면 '조롱'이 실제로 확인되어야 합니다.

이 사건 1심과 2심은 모두 성실히 조롱의 존재에 대해 사실관계를 조사하였고, '조롱이 있었다고 인정될 수 없다'는 결론을 내렸습니다. 이런 상태에서 '조롱 논란'은 더 이상 유의미한 처분사유가 될 수 없습니다. 조롱이 없는데 조롱으로 거짓 논란을 벌이는 일이 어떻게 해임처분을 정당화할 수 있겠습니까?

따라서 이 사건 1심과 원심은 공통되게 '조롱 논란'이 정당한 처분사유가 되는지를 판단하기 위해 '조롱 유무'를 핵심적으로 판단했던 것입니다. 이러한 원심의 태도를 채증법칙 위반, 심리미진으로 몰아감은 조리에 맞지 않는 주장이라 하겠습니다. 조롱이 있었다고 보기 어렵다는 판단이 내려진다면 '조롱 논란'이라는 처분사유는 그 정당성을 가질 수 없는 구조입니다.

다. 소결

피고는 이 사건 처분사유 중 2. 나. ① 사유(사퇴 요구 시위대에 대한 조롱 논란)에 대해 원심이 그 사유 내용을 오인하였다고 합니다. 즉 피고는 '조롱'과 '조롱 논란'을 구분하고, '조롱 논란'은 원고의 행동을 조롱으로 보도한 복수의 언론 보도로 이미 사실이 확정된 것인데, 원심은 '조롱 논란'이 아닌 '조롱'이 있었는지를 판단하여 잘못 판단한 것이고, 사실 '조롱도 있었다'고 주장합니다.

그러나, 피고가 '조롱이 있었다'고 주장하는 것은 사실 판단에 대한 것으로 상고이유로 들 수 없는 내용입니다. 나아가 조롱이 없었는데도 원고의 행동을 조롱으로 허위 보도한 복수의 언론이 있기 때문에 '조롱 논란'이 존재하는 것으로 취급되어야 하며 심지어 독자적인 처분사유로까지 된다는 주장은 극히 부당합니다.

결국 원심은 '조롱 논란'이 해임처분 사유로서 정당하냐는 것을 판단하지 않은 것이 아니라, 이 판단을 위해서도 '조롱이 실제로 있었는지'를 핵심적으로 판단해야 한다는 입장을 지니고 이러한 논리와 순서에 따라 정당한 판결을 내린 것이라 하겠습니다.

3. 상고이유 제2점에 관하여

가. 피고의 주장

피고는 이 사건 처분사유 중 2. 나.[2] ③ 사유(폭행 사건으로 인하여 피의자로 입건)에 대해 원심이 법리 오해 및 심리 미진의 잘못이 있다고 합니다.

피고는 위 처분사유를 독자적으로 해석 변형하고 있습니다. 즉 위 처분사유는 "원고가 자신에 대한 감사원 제보를 한 공익제보자들을 찾아가 시비를 일으켜 경찰에 입건되고 이러한 사실이 언론에 보도되었다"는 점이 핵심이고, "원고의 '폭행'에 방점이 있지 않다"고 주장합니다.

피고의 주장은 사실에 부합하지 않으며 이치에도 부합하지 않습니다.

나. 원고의 반론

1) 원고는 자문위원으로서 한국애견연맹이 주최하는 도그쇼에 참석했던 것입니다.

피고는 원고가 자신에 대한 감사원 제보를 한 공익제보자들을 찾아가 시비를 일으키기 위해 위 공익신고자들이 진행하는 도그쇼 행사장을 찾아갔다고 쓰고 있습니다.

그러나, 이는 이중으로 잘못된 서술입니다. 2017. 11. 안성팜랜드에서 열린 도그쇼를 주최한 것은 위 공익신고자들이 아니라 한국애견연맹이었고, 원고는 한

2) 피고는 "2의 라 사유"라고 적고 있는데, 이는 이 사건 제1심 판결문 제3쪽에서 이 사건 처분사유를 재정리한 항목에 따른 것입니다. 혼동을 피하기 위해 을 제1호증(제51차 방송통신위원회 전체회의 심의·의결 안건)을 기준으로, "2. 나. ③항 사유"로 정정함이 더 타당할 것이라고 생각합니다.

국애견연맹의 자문위원으로 당연히 위 행사에 참석했던 것이며, 피고들이 거론한 위 신고자들도 애견업 관련자들로 위 행사에 참석했기에 서로 조우하게 된 것입니다.

2) 원고는 시비를 일으키고 폭행을 한 자가 아니라 상해죄의 피해자로 확정된 자입니다.

원심은 '폭행'과 '폭행 입건'을 구분하여 판단을 내리고 있습니다. 그러나, 폭행죄 무죄의 종국적 확정이란 사실이 헌법상 무죄추정의 원칙과 결합될 때, 잘못된 '폭행 입건'만으로 해임처분에 이를 정도의 부적절한 처신이나 한국방송공사의 명예실추를 구성한다고 보기는 극히 어려울 것입니다.

이에 더하여 사실 원고는 폭행의 가해자가 아니라 상해의 피해자였습니다. 문제가 된 상대방인 소외 ○○○의 원고에 대한 상해죄 확정증명이 원심에서 증거로 제출되었고, 피고도 이에 대해 다툼이 없습니다.

3) 잘못된 입건과 잘못된 보도가 해임처분을 정당화할 수는 없습니다.

실상을 정리해 보면, 원고는 소위 공익제보자들과 도그쇼에서 우연히 만났고, 그 중 한 사람인 소외 ○○○로부터 상해죄의 피해를 입었습니다.

그런데 경찰은 원고를 폭행으로 입건하였고, 언론은 원고가 보복성 범죄를 가한 것처럼 허위 왜곡 보도로 물의를 일으켰습니다.

피고 측은 이런 상황을 원고의 부적절한 처신과 한국방송공사의 명예실추로 몰아 원고에 대한 해임처분의 사유로 삼았고, 여전히 이를 옹호하고 있습니다.

그러나, 피해자를 가해자로 둔갑시킨 잘못된 입건과 사실에 어긋나는 잘못된 보도에 기반하여 해임처분이 정당화될 수는 없다고 할 것입니다.

다. 소결

피고는 이 사건 처분사유 중 2. 나. ③ 사유(폭행 사건으로 인하여 피의자로 입건)를 독자적으로 해석 변형하고 있습니다. 피고는 "원고가 자신에 대한 감사원 제보를 한 공익제보자들을 찾아가 시비를 일으켜 경찰에 입건되고 이러한 사실이 언론에 보도되었다"는 점이 위 처분사유의 핵심이라고 주장합니다. 그러나 피고의 주장은 사실에 부합하지 않으며 이치에도 부합하지 않습니다.

원고는 자문위원으로서 한국애견연맹이 주최하는 도그쇼에 참석했던 것입니다. 또한 원고는 시비를 일으키고 폭행을 한 자가 아니라 상해죄의 피해자로 확정된 자입니다. 그런데 경찰은 원고를 폭행으로 입건하였고, 언론은 원고가 보복성 범죄를 가한 것처럼 허위 왜곡 보도로 물의를 일으켰습니다.

요컨대 사실에 어긋나는 잘못된 입건과 사실에 어긋나는 잘못된 보도에 기반하여 해임처분이 정당화될 수는 없다고 할 것입니다.

4. 상고이유 제3점에 관하여

가. 피고의 주장

피고는 원고에 대한 해임처분이 재량권 일탈·남용에 해당한다는 원심의 판단에 아래와 같이 채증법칙 위반, 심리미진 및 법리오해의 잘못이 있다고 주장합니다.

1) 피고는 조롱 논란, 폭행 입건과 같은 처분사유를 재량 일탈 남용 판단 시 고려해야 한다는 입장입니다.
2) 피고는 한국방송공사 이사에게 보다 엄격한 해임기준이 적용되어야 한다고 볼 근거가 없고, 오히려 높은 수준의 도덕성과 청렴성이 요구된다고 주장합니다.
3) 피고는 원고의 부적절한 처신으로 인해 한국방송공사의 명예실추와 국민의 신뢰 저하가 초래된 정도가 매우 심각하다고 주장합니다.

나. 원고의 반론

1) '조롱 논란', '폭행 입건' 사유를 재량 일탈·남용 판단 시 고려해야 한다는 피고의 주장에 관하여

앞서 보신 바와 같이 피고가 거론하는 '조롱 논란', '폭행 입건'의 처분사유는 피고의 주장과 달리 해임처분 사유로 고려될 수 없는 것들이었습니다. 각기 해임처분의 사유가 될 수 없는 항목들을 재량권 행사 판단 시 전혀 고려하지 않았다며 심리미진이라고 주장하는 피고의 입장은 오히려 독단적이고 자의적인 것이라 하겠습니다.

나아가 원심이 원용하고 있는 1심 판결문 제14쪽에서는 "다음의 각 사실 및 사정에 따르면 (중략) 이 사건 처분은 재량권을 일탈하거나 남용한 것으로 봄이 타당하다."고 쓰고, 바로 이어서 "1) 이 사건 처분사유 중 일부가 인정되지 않는다."라고 기술하고 있습니다.

피고가 거론하는 '조롱 논란, 폭행 입건의 처분사유'가 인정되지 않는다는 점을 역으로 재량권 일탈·남용 판단 시 고려하였음을 확인할 수 있다고 하겠습니다.

2) 한국방송공사 이사에 대한 해임처분의 기준을 엄격하게 해석할 필요가 없고, 오히려 이사에게 높은 수준의 도덕성과 청렴성이 요구된다는 피고의 주장에 관하여

가) 1심 판결문의 입장

이 사건 1심은 판결문 제14쪽에서 "방송의 자유와 독립을 보장하려는 방송법의 목적, 이를 위하여 적격을 갖춘 사람을 이사로 임명하고 임기를 보장하며, 이사의 임기는 원칙적으로 보장되어야 함은 앞서 본 것과 같다. 이사로서 적격을 갖추지 못하였다는 이유로 임기만료 전 해임하는 것은 이사로서 직무수행능력에 대한 근본적 신뢰관계가 상실된 경우와 같이 직무 수행에 장해가 될 객관적 상황이 발생한 경우로 제한된다고 봄이 타당하다."고 하여 한국방송공사 이사에 대한 해임처분의 당부를 판단한 법원의 기준을 요약하여 밝히고 있습니다. 법관 개인의 생각이 아니라 우리 헌법과 법률의 취지를 본 사안에 임하여 구체적으로 다시 풀어낸 것입니다.

위 1심 판결문 제5쪽 또한 "2) 한국방송공사는 방송의 공정성과 공익성 실현 등을 위한 공적 책임을 부담하고(방송법 제44조), 피고는 한국방송공사의 독립성과 공공성을 보장하기 위하여 각 분야의 대표성을 고려한 방통위의 추천을 통하여 공사 내부나 외부에서 전문성을 갖춘 적격자를 이사로서 임기를 정하여 비상임으로 임명하며(방송법 제46조), 이사는 선량한 관리자의 주의로 직무를 행하여야 한다(민법 제61조). 감사원법 제32조 제9항, 방송법 제44조, 제46조, 민법 제61조는 이사의 해임사유에 관한 근거가 되고, 원고가 이사로서 적격을 갖추지 못하는 등 일정한 사유가 인정되면 해임할 수 있다. 3) 다만, 방송법은 방송의 자유와 독립을 보장하고 방송의 공적 책임을 높임으로써 시청자의 권익보호와 민주적 여론형성 및 국민문화의 향상을 도모하고 방송의 발전과 공공복리의 증진에 이바지함을 목적으로 하고, 언론의 자유의 의미와 위와 같은 방송법의 목적을 고려할 때 이사의 임기는 원칙적으로 보장되어야 할 필요가 크다."고 상술하고 있습니다.

나) 원심 판결문의 설시

원심 또한 이를 이어받아 판결문 제7쪽에서 {방송법은 그 목적을 "방송의 자유와 독립을 보장하고 방송의 공적 책임을 높임으로써 시청자의 권익보호와 민주적 여론형성 및 국민문화의 향상을 도모하고 방송의 발전과 공공복리의 증진에 이바지함"이라고 규정하면서(제1조), "방송편성의 자유와 독립은 보장된다"라고 규정하였다(제4조 제1항). 방송법은 한국방송공사에 대하여 "방송의 목적과 공적 책임, 방송의 공정성과 공익성을 실현하여야 한다"라고 규정하고(제44조 제1항), "독립성과 공공성을 보장하기 위하여 공사 경영에 관한 최고의결기관으로 이사회를 둔다"라고 규정하면서(제46조 제1항), "이사의 임기는 3년으로 한다"라고 규정하였다(제47조 제1항). 이와 같은 방송법의 목적, 방송편성의 자유와 독립 보장의 필요성, 한국방송공사의 공적 책임, 한국방송공사 이사회의 존재이유에 비추어 보면, 한국방송공사 이사의 임기 제도는 공영방송의 독립성·공정성·자율성을 보장하기 위한 필요에서 마련한 것으로 보이고, 그 임기 동안은 한국방송공사의 독립성·공정성·자율성 보장을 위하여 이사로서의 신분을 보장하려는 성격도 일부 띤다고 할 것이어서, 한국방송공사의 이사에 대한 해임처분의 기준은 다른 공공기관 등과 비교하여 볼 때 더 엄격하게 해석하여야 할 필요가 있다고 봄이 합리적이다.}라고 설시합니다.

다) 피고의 비판과 원고의 재반박

피고는 1심과 원심 모두를 관통해 온 흐름인 '언론의 자유의 의미와 방송법의 목적을 고려할 때 이사의 임기는 원칙적으로 보장되어야 할 필요가 크다.'라는 입장을 "더 엄격한 기준이 적용되어야 한다면 이에 대한 (법적) 근거가 존재하여야" 한다는 논리로 비판합니다. 나아가 "방송법상 이사에 대하여 결격사유 외에 별도의 징계절차나 해임사유를 명시하지 않은 것 또한 고도의 신분보장 취지로 볼 수 있"다는 1심 판결문의 기재를 '단순한 입법의 불비'일 뿐이라고 달리 해석합니다.

그러나, 권리침해가 아닌 권리보호의 면에 대해 반드시 동일한 강도로 명문의 법적 근거가 요구된다고 볼 이유가 없다고 할 것입니다.

또한 해임 처분의 기준을 엄격하게 해석한다는 것은 기준이 원칙대로 적용되는 측면에서의 엄격성을 지적하는 것이지 피고가 우려하는 바처럼 상이한 기준을 적용하는 차원이 아니라 할 것입니다.

그런데 피고는 한 발 더 나가 "한국방송공사의 이사에게는 높은 수준의 도덕성과 청렴성이 요구된다"고 주장하며 원고에 대한 해임 처분을 정당화합니다. 피고가 요구한 "높은 수준의 도덕성과 청렴성"을 충족시키지 못하면 명문의 법적 근거 없이도 해임이 정당화된다는 논리가 바로 도출됩니다.

해임과 같은 심각한 권리침해적 처분을 명문의 법령 한계를 넘어 행할 수 있다는 피고 측의 발상과 주장이 충격적입니다. 이런 태도는 법치행정의 근본원칙에 대한 도전일 뿐만 아니라, 임명권자 곧 권력자의 의지에 따른 방송기관의 장악을 용이하게 하는 논리이기 때문입니다. 실제로 원고가 관련된 일련의 사건에서도, 원고에 대한 이사 해임에 이어 친정부적 후임 이사의 임명, 이사회 인적 구성 변화를 통한 KBS 사장 교체로까지 소위 '방송장악 시나리오'대로 사태가 전개된 바 있습니다.

라) 소결론

원심이 논한 '엄격성'이란 피고가 그릇되게 주장하는 바와 같이 법률 외적인 기준으로 해임 처분을 정당화하지 못하도록 엄격하게 원칙을 적용해야 한다는 입장을 천명한 것이고 헌법정신과 행정법의 일반원칙을 보다 철저히 준수해야 한다는 강조와 확인에 다름아닌 것입니다.

3) 원고의 부적절한 처신으로 인해 한국방송공사의 명예실추와 국민의 신뢰 저하가 초래된 정도가 매우 심각하다는 피고의 주장에 관하여

업무추진비 문제에 관하여 원심은 "이 사건 처분사유 중 ①사유는 원고가 업무추진비 합계 3,273,300원을 사적 용도로 부당집행하였다는 것이다. 원고가 월 100만 원, 연간 1,200만 원을 한도로 법인카드를 활용한 업무추진비를 사용할 수 있었던 사정에 비추어 보면, 원고가 사적 용도로 부당집행한 업무추진비의 액수는 아주 많다고 보기는 어렵다. 원고가 업무추진비를 부당집행한 횟수는 많지만, 대부분이 소액의 사용이다[예컨대 개인적인 식사비 또는 음료구입비로 152회에 걸쳐 940,850원을 지출하여 1회 평균 6,100원(100원 미만 버림)을 사용하였다]. 원고보다 더 많은 업무추진비를 부당집행한 다른 이사가 위와 같은 사유로 징계를 받지 아니하였다. 원고는 부당집행한 업무추진비 합계 3,273,300원 전부를 반환하였다."라고 쓰며, "원고에 대한 이 사건 처분은 재량권을 일탈하거나 남용한 것으로 봄이 타당하다"고 판단한 바 있습니다.

△△△ 등에 대한 문자메시지와 관련하여 원심은 "원고가 △△△에게 전화통화를 하면서 부적절한 발언을 한 행위는 한국방송공사 이사로서 품위가 손상되는 행위에 해당한다고 보이기는 하나, (1) 품위 손상의 정도가 아주 심한 것으로는 보이지 아니하는 점, (2) 원고의 △△△과의 통화는 원고가 △△△에게 전화하여 일방적으로 원고의 말만 하고 전화를 끊자 △△△이 원고에게 직접 2회 전화한 것이고, △△△도 원고와 통화하면서 언쟁을 벌였고, 빈정거리는

표현과 반말을 사용하며 대응하였던 점, (3) △△△은 원고를 상대로 법적 대응을 하기 위한 증거확보를 위해 녹음을 하였던 것으로 보여, 원고의 감정을 자극하는 방향으로 대화를 유도하였을 소지도 있는 점, (4) 원고와 △△△의 통화는 △△△이 이를 녹음하여 공개하지 아니하는 한 대중에 알려질 가능성이 높지 아니한 사적인 대화였던 점, (5) 위에서 본 것과 같이 원고가 위 사유에 대하여 검찰에서 혐의없음 불기소 결정을 받은 점 등을 감안하면, 한국방송공사의 명예실추와 신뢰저하를 심각하게 초래할 정도에 이르지는 아니한 것으로 보인다."고 판단한 바 있습니다.

위와 같은 원심의 판단은 정당하며, 이러한 원심의 판단이 "일반 국민의 법감정에 현저히 반하는 것으로 도저히 수긍할 수 없"다는 피고 측의 주장이야말로 독단적인 해임처분의 정당성을 끝까지 고집하여 도저히 수긍할 수 없고 일반 국민의 법감정에 현저히 반하는 주장이라 하겠습니다.

다. 소결

피고는 원고에 대한 해임처분이 재량권 일탈·남용에 해당한다는 원심의 판단에 채증법칙 위반, 심리미진 및 법리오해의 잘못이 있다고 주장하였습니다.

1) 피고는 조롱 논란, 폭행 입건과 같은 처분사유를 재량 일탈 남용 판단 시에 고려해야 한다는 입장을 밝혔습니다. 그런데, 원심이 원용하고 있는 1심 판결문 제14쪽에서는 "다음의 각 사실 및 사정에 따르면 (중략) 이 사건 처분은 재량권을 일탈하거나 남용한 것으로 봄이 타당하다."고 쓰고, 바로 이어서 "1) 이 사건 처분사유 중 일부가 인정되지 않는다."라고 기술하고 있습니다. 피고가 거론하는 '조롱 논란, 폭행 입건의 처분사유'를 피고의 독단과는 반대로 각 처분사유가 인정되지 않는다는 면에서 재량권 일탈·남용 판단 시 고려하였음을 확인할 수 있다고 하겠습니다.

2) 피고는 한국방송공사 이사에게 보다 엄격한 해임기준이 적용되어야 한다고 볼 근거가 없고, 오히려 높은 수준의 도덕성과 청렴성이 요구된다고 주장합니다. 그러나 원심이 논한 '엄격성'이란 피고처럼 '도덕성'과 같은 법률 외적인 기준으로 해임 처분을 정당화하지 못하도록 엄격하게 원칙을 적용해야 한다는 입장을 천명한 것이고, 헌법정신과 행정법의 일반원칙을 보다 철저히 준수해야 한다는 강조와 확인에 다름아니라고 하겠습니다.

3) 피고는 원고의 부적절한 처신으로 인해 한국방송공사의 명예실추와 국민의 신뢰 저하가 초래된 정도가 매우 심각하다고 주장합니다. 그러나 원심은 업무추진비 문제와 △△△ 등에 대한 문자메시지 문제에 관해 "한국방송공사의 명예실추와 신뢰저하를 심각하게 초래할 정도에 이르지는 아니한 것"으로 보며, "원고에 대한 이 사건 처분은 재량권을 일탈하거나 남용한 것으로 봄이 타당하다"고 결론내렸는데, 원심의 이러한 판단은 정당하다고 하겠습니다.

5. 결어

이상에서와 같이 본 서면은 피고의 상고이유 제1점, 제2점, 제3점 각각에 대해 피고의 주장을 살펴본 뒤, 그에 대한 원고의 반론을 살펴보았습니다.

가. 피고는 이 사건 처분사유 중 2. 나. ① 사유(사퇴 요구 시위대에 대한 조롱 논란)에 대해 원심이 그 사유 내용을 오인하였다고 합니다. 즉 피고는 '조롱'과 '조롱 논란'을 구분하고, '조롱 논란'은 원고의 행동을 조롱으로 보도한 복수의 언론 보도로 이미 사실이 확정된 것인데, 원심은 '조롱 논란' 아닌 '조롱'이 있었는지를 판단하여 잘못 판단한 것이고, 사실 '조롱도 있었다'고 주장합니다.

그러나, 피고가 '조롱이 있었다'고 주장하는 것은 사실 판단에 대한 것으로 상고이유로 고려될 수 없는 내용입니다. 나아가 조롱이 없었는데도 원고의 행동을 조롱으로 허위 보도한 복수의 언론이 있기 때문에 '조롱 논란'이 존재하는 것으로 취급되어야 하고 심지어 독자적인 처분사유로까지 된다는 주장은 극히 부당합니다.

결국 원심은 '조롱 논란'이 해임처분 사유로 정당하냐는 것을 판단하지 않은 것이 아니라, 이 판단을 위해서도 '조롱이 실제로 있었는지'를 핵심적으로 판단해야 한다는 입장을 지니고 이러한 논리적 순서에 따라 정당한 판단을 내린 것이라 하겠습니다.

나. 피고는 이 사건 처분사유 중 2. 나. ③ 사유(폭행 사건으로 인하여 피의자로 입건)를 독자적으로 해석 변형하고 있습니다. 피고는 "원고가 자신에 대한 감사원 제보를 한 공익제보자들을 찾아가 시비를 일으켜 경찰에 입건되고 이러한 사실이 언론에 보도되었다"는 점이 위 처분사유의 핵심이라고 주장합니다. 그러나 피고의 주장은 사실에 부합하지 않으며 이치에도 부합하지 않습니다.

원고는 자문위원으로서 한국애견연맹이 주최하는 도그쇼에 참석했던 것입니다. 또한 원고는 시비를 일으키고 폭행을 한 자가 아니라 상해죄의 피해자로 확정된 자입니다. 그런데 경찰은 원고를 폭행으로 잘못 입건하였고, 언론은 원고가 보복성 범죄를 가한 것처럼 허위 왜곡 보도로 물의를 일으켰습니다.

사실에 어긋나는 잘못된 입건과 사실에 어긋나는 잘못된 보도에 기반하여 해임처분이 정당화될 수는 없다고 할 것입니다.

다. 1) 피고는 '조롱 논란', '폭행 입건'과 같은 처분사유를 재량 일탈 남용 판단 시에 고려해야 한다는 입장을 밝혔습니다. 원심이 원용하고 있는 1심 판결문 제14쪽에서는 "다음의 각 사실 및 사정에 따르면 (중략) 이 사건 처분은 재량권을 일탈하거나 남용한 것으로 봄이 타당하다."고 쓰고, 바로 이어서 "1) 이 사건 처분사유 중 일부가 인정되지 않는다."라고 기술하고 있습니다. 피고가 거론하는 '조롱 논란, 폭행 입건의 처분사유'를 피고의 독단과는 반대로 각 처분사유가 인정되지 않는다는 면에서 재량권 일탈·남용 판단 시 고려하였음을 확인할 수 있다고 하겠습니다.

2) 피고는 한국방송공사 이사에게 보다 엄격한 해임기준이 적용되어야 한다고 볼 근거가 없고, 오히려 높은 수준의 도덕성과 청렴성이 요구된다고 주장합니다. 그러나 원심이 논한 '엄격성'이란 피고처럼 '도덕성'과 같은 법률 외적인 기준으로 해임 처분을 정당화하지 못하도록 엄격하게 원칙을 적용해야 한다는 입장을 천명한 것이고, 헌법정신과 행정법의 일반원칙을 보다 철저히 준수해야 한다는 강조와 확인에 다름아니라고 하겠습니다.

3) 피고는 원고의 부적절한 처신으로 인해 한국방송공사의 명예실추와 국민의 신뢰 저하가 초래된 정도가 매우 심각하다고 주장합니다. 그러나 원심은 업무추진비 문제와 △△△ 등에 대한 문자메시지 문제에 관해 "한국방송공사의 명예실추와 신뢰저하를 심각하게 초래할 정도에 이르지는 아니한 것"으로 보며, "원고에 대한 이 사건 처분은 재량권을 일탈하거나 남용한 것으로 봄이 타당하다"고 결론내렸는데, 원심의 이러한 판단은 정당하다고 하겠습니다.

존경하는 대법관님,
피고의 상고는 부당하오니 이를 기각하여 주실 것을 간청드립니다.

2021. 8. 13.

원고 강규형의 소송대리인

변호사 김익환

변호사 김태훈

변호사 도태우

법무법인 동진

담당변호사 석동현

김모둠

변호사 문수정

변호사 박주현

법무법인 산지

담당변호사 최기식

변호사 이석연

변호사 이 헌

변호사 이호선

변호사 차기환

대법원 귀중

헌법파괴자 문재인

펴낸날 초판 1쇄 2023년 1월 20일

지은이 도태우
펴낸이 김광숙
펴낸곳 백년동안
출판등록 2014년 3월 25일 제406-2014-000031호

주소 경기도 파주시 광인사길 22
전화 031-941-8988
팩스 070-8884-8988
이메일 on100years@gmail.com

ISBN 979-11-981610-0-0 03340